［増補改訂版］

オリジナルシンキング
ORIGINAL THINKING

・

想像と創造の磨き方

高橋宣行
たかはし のぶゆき

はじめに。

普通はいやです。

1人1人の能力やセンスや
努力が生きる個の時代だから
磨き続けたい「オリジナルシンキング」。

「正しいけど、面白くない」

　右のページにあるような叱声が、私のいた広告会社（博報堂）ではとび交っていました。とても抽象的に聞こえますが、現場では意外にズシーンと響く、重い言葉です（言葉の調子は柔らかくても…）。

　理屈ではない、その先の気持ちが入っていない、描いていない。相手を喜ばせていない。そんな本質をついてきます。

　もちろん個性を売る、知恵を売る広告会社ですから、こうした言葉がとび交うのは当然でしょう。しかし、顧客本位がさらに深まり、「個性」が競争力となる一般のビジネス社会でも、人の気持ちを描くこうした言葉がとび交うのは間近です。

　いいアイディア、いい企画書、いい解決策、いい戦略は、すべて「正しくて、面白い」が前提。面白いとは、相手から見て、個性的で、魅力的で、人を引きつける引力のあることです。そこでは「アートする」という発想がキーです。アートは、いまの「モノ余り社会」における高度な戦略なのです。

「いいけど、好きじゃない」

　高い技術力、商品力があっても、「嫌い」と言われたら、もう終わりです。モノは消えていきます。それが「モノ余り社会」の怖さでもあります。

　「高品質」は当然で、その上に、感動や幸せや好みや満足が伴っているのかが問われるのです。次ページにあるような言い方をされるようでは相手にされません。好き嫌いは感性です。人は20％の合理性と80％の非合理性で動く、と言われます。ようするに、人の気持ちを考えない、感性に触れないビジネスは後に追いやられていきます。ますますアート感覚をはずせない時代となってきたのです。

このアイディア、

「気持ち、入ってないよ」
「楽しくないんだ。ワクワクしないよ」
「発想が狭いネ。こぢんまりとして」
「何も言ってないよ、コレ。何が言いたいの」
「正しい正しくないの前に、夢がないよ」
「相手にどうしろっていうんだ」
「もっと跳んでよ。思いっきりよく」
「メッセージがないネ（提案性が）」
「スケール感がないネ。パーッと拡がるような」
「この程度で、相手が喜ぶと思う？」
「ストーリーが何にも浮ばないネ」
「本気で動こうって気、起らないよ」
「いったい何が残るの？」

アート感覚を磨く「独創的思考(オリジナルシンキング)」の習慣

いま、私たちの仕事の大半は課題解決です。

毎日、「もっといい方法はないか」とアイディアを、企画を求められています。そこに求められるのは、つねに<u>人と違うことを考え</u>、<u>人と違うことを創る</u>ことです。といって、「何か考えろ」と言われても「考える技術」は手渡されていません。

<u>How To THINK</u>＝考える姿勢、独創を生む原理・原則のようなものと、それを動かす方法があるはず、と、40数年の博報堂の制作現場経験から堀り起こしてみました。

そこで 提案。

(1)今までの人材育成に欠けていた、イマジネーション＆クリエーションを、「ビジネス現場」におきかえて提案できないか。
(2)そして社員1人1人が「考え・創り・行動する」自立性の高い人材化につなげられないか。
(3)さらに、想像・創造する喜び、アート化する楽しさを「自分のブランド化」に巻き込めないか。

そんなテーマを持って「独創的思考のすすめ」をまとめてみました。

この本は業界・業種を問わず、ビジネスマンの基礎能力としての「人間通になる」「クリエイティブ発想をする」を基盤としています。それゆえに、社会人1年生から手にして欲しい…。なぜなら、理性（ロジック）は後付けでも成り立つけれど、感性は熱いうちに叩いておきたいからです。

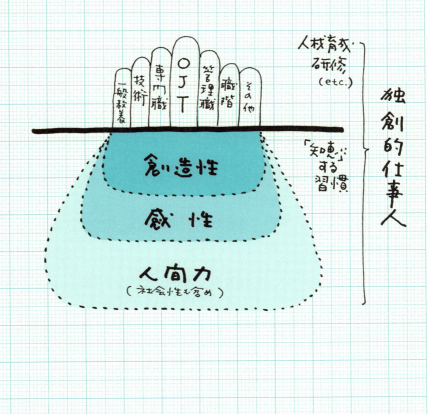

オリジナルシンキング 目次
想像と創造の磨き方

はじめに

PART I　ビジネスはアート化する ─── 11
  1. パッと感じて、読みとって、イメージする力が乏しい ─── 12
  2. アート化は「人間通」と「感性」がキー ─── 14
  3. 課題解決に「アートっぽさ」が不可欠です ─── 16
  4. 時代は「人を感動させるビジネス」へ ─── 18

PART II　独創的思考のすすめ ─── 21
  STEP 1.「イマジネーションの磨き方」 ─── 21
    1.「イマジネーションとは想像力。夢見る力です」 ─── 22
    2.「どう言うか」の前に「何を言うか」が大事です ─── 24
    3. 創造を引き出す「イマジネーションマネジメント」 ─── 26
    4. 夢の実現のイメージが「仮説」になる ─── 28
    5. トップの夢から始まる「ブランドビジョン」 ─── 30
    6. ビジョンのある人は、強い ─── 32
    7. 新しい価値の提案「コンセプト」 ─── 34
    8. 先が読めるか、全体が読めるか、これがチカラです ─── 36
    9. 情報は、すべての「想像力の素」です ─── 38
    10. アイディアは、情報の組み合わせ ─── 40
    11. 私のプランニングスタイル ─── 42
    12.「プランニングのカタチ―蝶ネクタイ型」 ─── 44
    13. 生活者の欲求に合うから、情報価値 ─── 46
    14. ポケットいっぱいの「情報持ち」になる ─── 48
    15. もっと人間観察からの発想を ─── 50
    16. 人を動かすのは「ロジック」でなく「エモーション」 ─── 52
    17. 水面下へ、「人間の満足」を求めて ─── 54
    18.「足で知る・足で感じる」 ─── 56
    19. 夢やロマンがあるから「サクセス」 ─── 58
    20. 生き方以上の「発想」は生まれません ─── 60

STEP 2. 「クリエーションの磨き方」 ― 63
 1. 夢を実現する力 ― それが「創造力」 ― 64
 2. ビジネスの本質は「創造」です ― 66
 3. 毎日、課題解決。毎日、「創造の日」 ― 68
 4. 創造力アップに「マーケティング発想」が効く ― 70
 5. 顧客を知るほどに、創造性は高まる ― 72
 6. 「点」でなく「面」で考える戦略発想 ― 74
 7. 広告会社が求めている創造性 ― 76
 8. 新しい発見と創造を生む仕事のやり方 ― 78
 9. 戦略のない「表現」はありません ― 80
10. 問題を解決するデザインパワー ― 82
11. 課題を魅力に変える創造力の面白さ ― 84
12. 初めに全体像が描けるか ― 86
13. 「違い」を創る ― それは価値観を変えること ― 88
14. 「違い」を創る ― 時代を読む・動きを読む ― 90
15. 「違い」を創る ― 「人間」に最大のヒント ― 92
16. 「違い」を創る ― アイディアを手に入れるには ― 94
17. 企画書は付加価値の高い商品です ― 96
18. 「考えて・創って・動く」ベストパートナーへ ― 98
19. 「見立てのいいドクター」をパートナー ― 100
20. 複合型仕事人「プロデューサー」 ― 102

PART Ⅲ アート化を刺激するキーワード ― 105

あとがき ― 111

PART I
ビジネスはアート化する

1 パッと感じて、読めて、イメージする力が欲しい

【問題です】例えば、右の図のような課題があります。ここでは答を求めているのではなく、1つの課題がいかに複雑にからみ合っているか、イメージしていただくために書いてみました。

　企業側の都合だけでなく、あらゆる要素がからみ合い、一筋縄では解決できません。でも、この深い関わり合いの中からベストな答えを創っていくのが、ビジネスマンの仕事なのです。そのとき求められるのは、個々の問題をどう解くかではなく、全体を読むイマジネーションです。

　　　　　　①全体の動きが読めますか
　　　　　　②何が問題のコア（核心）か読めますか
　　　　　　③これからどう動くか、先が読めますか

　最近、経営トップの方の発言の中に、洞察力とか、先見性とか、直観、観察、仮説、感性、想像、創造とか、ひんぱんにあらわれてくるのも、実は①〜③が欲しいためです。読む力が欲しいのです。複雑多様な課題解決には、こうしたアートっぽい感性が不可欠になっているのです。

　感じて、読めて、イメージする力…イマジネーション（想像力）と、イメージをリアルな形にし、独自性を創る力…クリエーション（創造力）。この2つがビジネスをアートっぽくしていく源です。IT化社会は情報を均一化、均質化し、誰もが同じところに立てますが、頭1つ抜け出すにはイマジネーション＆クリエーションが必要。感性の差が競争力であり、ビジネスのアート化はますます進んでいきます。

【問題】「モノ」はいい。しかし、売れない。なぜ？どうする？
読めますか？

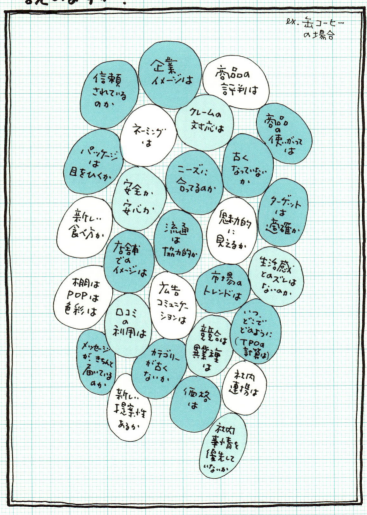

2 アート化は「人間通」と「感性」がキー

アートがかってくる(1)
　IT化社会の入口（志、ビジョン、夢、ロマン…）も出口（付加価値、サービス化、デザイン、感動…）も人間が考え、人間が判断します（P19参照）。

アートがかってくる(2)
　IT化によって情報過多となった現代は、その情報の調理法を問われる時代です。情報の量の問題ではありません。その情報を組立て直し、加工し、編集し直す力…知恵の競争・感性の競争です。

アートがかってくる(3)
　人間が最先端と言われるのが「モノ余り社会」。個々人の気持ちをつかまないとビジネスにはなりません。人間を読み、深堀りする感覚が不可欠です。

アートがかってくる(4)
　いまや企業の持続的発展は、個性にかかっています。ご存じのように企業も個人も目指すのは「オンリーワン」。人と違うことを考え、人と違うものを創ることで存在感が生まれるからです。「あなたがいないと困る」と。

アートがかってくる(5)
　複雑にからみ合う課題—ものの本質をつかむのは、コンピュータでなく人間の直観。パッと核心をつかむ感性です。

アートがかってくる(6)
　人間の幸せづくりが企業のテーマになります。それが稼ぐことではあまりに志が低いし、寂しすぎます。感動を共有する感性が問われます。

アートがかってくる(7)
　働く自分の誇りを手にしたい。自分の創造性を発揮し、企業も顧客も自分も一緒に喜び合える仕事へと向かっています。

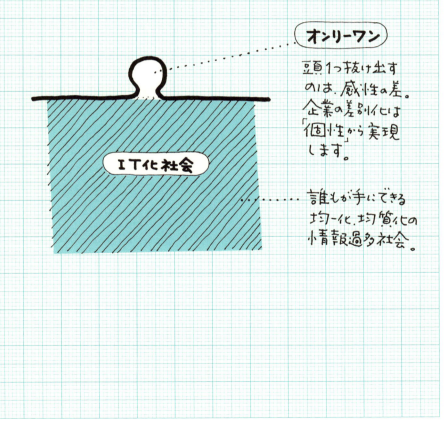

3 課題解決に「アートっぽさ」が不可欠です

　私は40年ちかく博報堂で、広告制作をスタートに、広告戦略、コミュニケーション、マーケティング、ブランディングへと、仕事の領域を拡げてきました。その仕事は、つねに生活者や企業の立場に立ち「もっといい方法は何か」をプランニングすること。そして、それを「もっとも望んでいるカタチ」に加工し、料理し、楽しさを併わせて提供することでした。

　その私自身を支えているのが、次のインサイドワークの4ステップです。

① 知る（情報力）…未知の、異質の、他領域の情報をどこまで集められるか
② 想う（想像力）…情報を組み合わせ、どこまで大きな夢や世界を描けるか
③ 創る（創造力）…イメージを現実に合わせ、どこまで独創的なカタチを創れるか
④ 動く（実施力）…どのように動けば、いい関係をつくりそれを持続していけるか

　この①〜④のインサイドワークをつらぬいているのが『イマジネーション＆クリエーション』です。当然そこには、知恵でどこまで高い商品力を持つか、どこまで大きなビジネスができるか、という厳しいハードルがありました。

　こうした私の経験から（たまたま、広告会社という業態が「創造的集団」であった、という幸せ）、いまビジネスに求められている姿勢とスキルを、「オリジナルシンキング（独創的思考）」というカタチにまとめてみました。

　ビジネスはますます個性を求め、アートがかってきます。言葉（ロジック）の前にイメージが必要です。頭の中に絵を描くことからスタートします。

　と、なると、「イマジネーション＆クリエーション」は基礎能力として不可欠です。これからはビジネスの課題を「アートっぽく」解決することを習慣にしましょう。きっとあなたはイメージ豊かに変わります。

人と違うことを考える・人と違うものを創る
独創的思考 〈オリジナルシンキング〉

4つのインサイドワーク
- 知る
- 想う
- 創る
- 動く

インサイドワークの核

STEP 1　想像力 — 夢見る力

未知の、異質の情報を組み合わせ、新しい世界や夢やロマンを描く力。日常の習慣やルールにとらわれることなく、大きくイメージすることを面白がる。

イマジネーション
＆
クリエーション

STEP 2　創造力 — 夢をカタチにする力

つねに人と違うものを創る姿勢と行動力を持つ。現実が厳しければ厳しいほど、それをクリアし個性を発揮。自分の存在感を出すために不可欠な力。

（ビジネスは、頭の中に絵を描くことから、スタートします。）

4 時代は「人を感動させるビジネス」へ

　21世紀は「感動」が不可欠と言われ、アナログ的な想いが人を動かしていきます。右ページにあるように、IT化社会の入口も出口も人間。人間が想い・考え、人間が判断し、新しい喜びや楽しみを創り出していくのです。最終的には、デジタル化できないアナログ的なものの価値が上がっていきます。ビジネス社会はこんな動きの中で、1人1人に独自性を求めているのです。

　こうした中で、広告屋の知恵をフル回転させ、先を読み、ビジネスに効く「独創的思考」のコツをまとめてみました。それは単なるハウツーでなく、ビジネス社会と個人の生き方にまたがった、実践的なオリジナルシンキングです。変化の激しい中で、つねに新しい価値を求められるとき、「何を、どこから、どう考えればいいのか」。後追いでなく、先取りして「独自性を生み出すためにどうすればいいのか」。その答のヒントや気づきを、事例や図解をとおして手わたしていきます。

　「独創的思考」の根っこと、その流れ、ゴールのイメージは…、

① 「イマジネーション＆クリエーション」を考える核とし
② その上で、マーケティング発想を展開する。
③ それは、顧客本位で感動や喜びを生み出すことと
④ 戦略的にトータルパワーにつなげて考えること。
⑤ 結果、顧客と会社と自分が喜び合えることにつながり
⑥ お互いに、いい関係を持続し続けることを目指しています。
⑦ そしてゴールは、自分の商品力＝「ブランド力」を確立することです。

「信頼」と「喜び」と「誇り」を手にするために、想像と創造を磨きましょう。

もっと『感動』を！
（IT化社会は人間の創造性を刺激する）

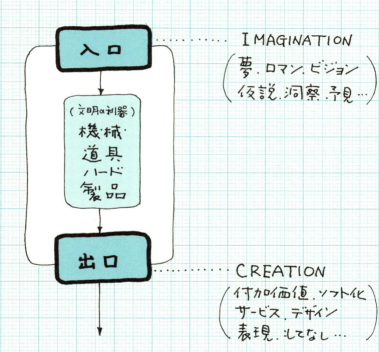

- 感動あるライフスタイルづくり
- 人々の幸せを増幅させる
- 新しい喜びや楽しみを創り出す
- 生活のバージョンアップを！

PART Ⅱ

独創(オリジナル)的思考(シンキング)のすすめ

STEP 1
「イマジネーションの磨き方」

1 「イマジネーション」とは想像力。夢見る力です

イマジネーションは夢見る力です。その夢の大きさ、熱さがそのまま発想の大きさにつながっていきます。

ビジネス社会での課題解決を例にとると、そこには制約や習慣、ルールなど負の要素がいっぱい。さあ企画…と考えた瞬間、負の要素が考える枠組みを狭めていきます。ここでは想像力が必要です。熱い想いです。私は「こんな世界にしてみたい」「こんな人材に育てたい」「こんな発想の商品にしてみたい」。先を読むその想いこそ、現実的な課題を突破してくれます。新しさは「いま」を破壊することから生まれます。

最近のビジネスマンの夢は小さい、薄い。そして冒険やロマンに欠けます。どうしても直線的に、効率よく、リスクなく、手近かなところでカタチにしてしまいます。「リスクのないアイディアは、クリエイティブとは言わない」と、江崎玲於奈さんがおっしゃっています。「壊して創る」。それにはリスクはつきものです。

「これから、2つの『そうぞう力』が必要だ」

と、キヤノンの御手洗会長が日経新聞で語っています。その一部をご紹介します。「企業が成長を持続していくために必要なのは変身力。その鍵を2つの力が握っている。最も大切なのが想像力だ。社会に何が必要か。将来の変化を想像し、予測し、そこで自社の得意分野を想像していく。そこに向かって力を結集し、次に創造力によって独自のものを生み出していくのだ」。

その背景には変化のスピードに対応するために、全体が読め先が読める想像力の大切さが語られていました。これからは、こうした変化にこそチャンス！と考え、夢やロマンを描ける人が、時代をリードしていくでしょう。 ヒント1

ヒント1

　　　　　　夢を実現する力
　　　　　　（独自のカタチを創る）

『創造力』

より、まず

『想像力』

夢を見る力
（夢やロマンや世界を描く）

2 「どう言うか」の前に、「何を言うか」が大事です

　広告業界では当たり前のように言われている言葉があります。「どう言うか」の前に「何を言うか」だ。どう表現するか、どんなカタチにするかの前に、夢やロマンや戦略を描くことの大切さを語っています。

　私たちは、ついどう表現するか先走ります。「こんな表現面白くなりそう」「あのタレント使えるか」「音は…言葉は…」と、どう言うかが先行しがちです。それは毎日の課題解決に向かい、すぐ企画書にまとめよう、すぐ答えを出そうとすることと同じです。

　ヒント2 の図解を頭の中に入れてください。すべてのプランニングは、「何を言うか」からスタートします。それは夢を見ること、想像力をフル回転させることから始まります。戦略のないアウトプットはないのですから。

スターバックスの例でお話しましょう。

- トップのビジョン…「われわれはコーヒーを売るために商売しているのではない。人々を喜ばせたいと思い、その手段としてコーヒーを扱うのだ」

何を言うか（コンセプト）…家庭にも職場にもない安らぎの場を提供しよう！

『第三の場』
↓

どう言うか（表現、アウトプット戦術）…そのために、高品質なコーヒー、空間、インテリア、コミュニケーション、デザイン、香り、禁煙、雰囲気、もてなし

　何を言うか（コンセプト・戦略）がしっかりしていると、具体策は次々に浮かんできます。夢の大きさ（イマジネーション）が、そのまま発想（クリエーション）の大きさにつながります。

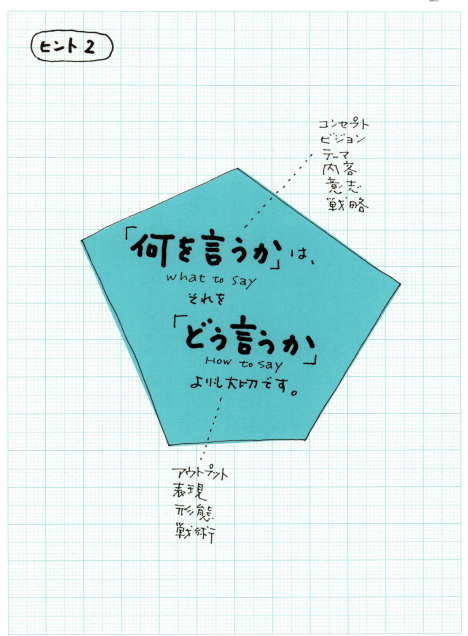

3 創造を引き出す「イマジネーションマネジメント」

　<u>空中に絵の描けるアートがかった人がいる</u>と、チームの創造性が刺激されモチベーションが一気に高まると、石井威望さん（東大名誉教授）が語っていたことをいまでも忘れません。もう10数年も前のことですが…。

　それが「イマジネーションマネジメント」という概念でした。ポーンと空中に「こんな世界（イメージ）の建物をつくろう」と絵が投げかけられると、メンバーがいっせいに刺激され反応する。その世界なら、色は、カタチは、光は、周辺環境は、樹木は、住民は、暮らしぶりはと。

　このように、<u>チームを巻き込み創造へ動かすこと</u>がイマジネーションマネジメントで、それができる人こそ、いま最も求められている人です。(ヒント3)

ディズニーランドでは「イマジニアリング」と言います。

　イマジネーションとエンジニアリングの造語で、「夢と冒険の王国」として、世界中から愛され続けるためのイマジネーションマネジメントです。その統一性と鮮度を保ち続けるために、その絵を描きコンセプトを設計する「イマジニア」という専門のプロデューサーを中心に展開しています。大人も子供も、過去も現在も未来も、非日常も日常も…、つねに感動する「絵」を描き続けるから、魅力は薄れません。

　私たちの仕事の中でも、複雑な課題を超えて「こんなイメージでやってみたい！」と誰かが絵を描くと、種々の悩み、足元の制約にこだわっていた会議が、いっせいに動き出します。最初の絵にみるみる色がつけられ、また、その仮説に誘発され、別なアイディアが上乗せされてきます。夢やロマンを絵にするイマジネーションマネジメントのパワーこそ、すべての人をオリジナルな創造へ導いてくれる発想法だとつくづく感じます。

ヒント3

イマジネーション マネジメント

いま、ビジネスで一番欲しい人

- パッと視覚化してくれる人
- 空中に絵の描ける人
- イメージを描き 周辺を動かす人
 (こんな世界を、こんな方向を目指そう！と)
  …
  チーム コンセンサスとか
  意欲とか、やる気とか
  ロマンが出るか どうか
  決定的に違ってくる。

4 夢の実現のイメージが「仮説」になる

「いま、何がしたいの?」「何をつくりたいの?」「どうなりたいの?」…頭の中にきちんと絵が描けないと、先に進みません。その「絵」とは、自分の想いや夢を実現するためのイメージの具体化です。私はそれを「仮説」と言っています。モヤモヤしたものをカタチ(多少、莫としていても、絵や言葉)にしないと、考えの拠りどころがいつまでも見えません。そこから次へ発展させるにしても核がありません。しかも、チームメンバーとそれを共有化するにもきっかけがありません。仮説を立てることはゴールイメージを絵にすることです。

ゴールイメージは、絵でも、言葉でも、写真でも、ストーリーでも、シナリオでも、みんなが向き合えるカタチを提案します。初めに仮説ありきです。私は(ヒント4)のように「こんな…」を枕詞にして、イメージをカタチづくるようにしています。稚拙であってもいい。「こんな感じ」「こんな世界にしてみたい」「こんなイメージを創ってみたい」「こんな組織にしてみたい」と、とにかく、仮説からスタートする「こんな…」を習慣化してください。頭の中に絵を描く習慣です。

それには、情報の量と質が絶対条件です。幅広い雑学の組み合わせ…未知の、異質の、他領域の組み合わせの中から「こんな…」が生まれます。例えば次のような…。

ex.
- 夢と冒険のディズニーランドのような百貨店をつくれないか
- 軽くて小さいパスポートサイズのビデオがつくれないか
- 美術館の記念グッズのようなプロモーションを出版界でできないか
- 憧れと誇りあるイギリスの田園生活を福島県に定着できないか
- モノ・コト・サービスいっぱいの全館「アメリカ館」で、アメリカを売れないか

etc

ヒント 4

「konna…」を口ぐせにしよう。
仮説の立てられる人。
頭の中にきちんと絵がないと、先に進まない
（何がしたいの？　どうしたいの？
　どうなりたいの？　どこに行きたいの？）

（仮説を立てる）
- こんな世界つくってみたい
- こんなキャンペーンにしてみよう
- こんな会社にしてみよう
- こんなイメージの得意先にしてみたい
- こんな売り方してみたい
- こんな人材に育てたい
- こんな戦い方してみよう
- こんなプレゼンにしてみよう
- こんなストーリーの企画書に
- こんなチームをイメージしよう
- こんな仕事のやり方に変えてみたい
- こんな空気の部署にしたい
- こんな手で説得しよう

5 トップの夢から始まる「ブランドビジョン」

　いま企業は、「ブランド」という資産づくりに向かっています。それは顧客に選ばれる最大の条件が「ブランド」の強さであり、企業全体の強さとイコールだからです。自分の会社が何を目指し、どうなろうとしているのか。そのとき、顧客からどう思われるのか。その「あるべき姿」を描くのが、「ブランドビジョン」です。

　では、簡単に ヒント5 の図解を見ながらブランドづくりのフローを説明します。まずは、顧客との約束（ビジョン／ブランドプロミス）から始まります。
① 「企業の強み」と「顧客が望むこと」から新しい約束（ビジョン）を掲げ
② そのビジョンを社員が共有化し、企業の全体戦略にとり入れ
③ 顧客に対して約束を守り、信頼され、絆を強めていく。

　これが企業の新しい生き方であり、組織風土の革新につながります。

ヒューレット・パッカード（H/P）の例で言えば

　H/Pはブランドビジョンに INVENT（発見）を掲げています。これはつねに新しい発見のある技術・商品を提供し、顧客は提供された「発見」で、さらなる発見をし、ビジネスにつなげていこうというものです。その「発見」を両者の真ん中におき、信頼される関係を深めてブランド力を高めていきます。ゴールイメージは「H/Pがいないと困る…」という存在感です。

・

　こうした「ビジョン」を掲げ、あらゆる企業資産をふり向けることで、企業の顧客本位の体質は強まっていきます。初めに「ビジョン」ありきなのです。そのビジョンは、企業と顧客の新しい接点をイマジネートすることから生まれてきます。ビジョンの不明確な企業は、顧客の心をつかめません。

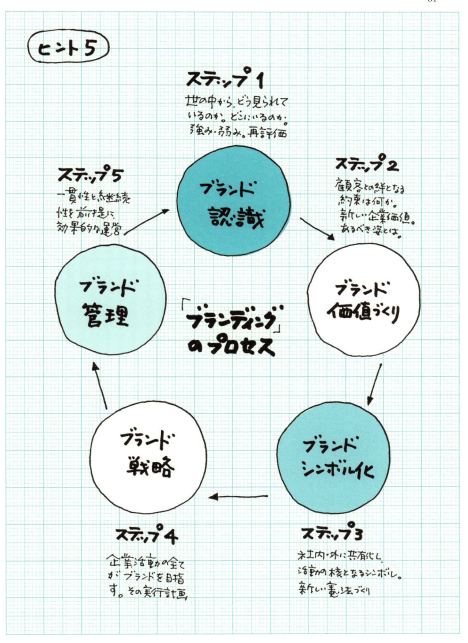

6 「ビジョン」のある人は、強い

　ビジョンのある人とは、「自分が何のために存在するのか」という問いから出てくる理想、生き方、夢、信念などを持っている人だと思います。そこに生き方のブレがありません。だからとても強くなりますし、強く見えます。

　例えば、イチロー選手。「ファンを喜ばせるためにプレーしているんだ。だから期待を裏切れない」「人と違うことをやるのが、ぼくの基本です」と言って努力し、結果を出す。プロの仕事人とは、しっかりした中心軸 (ヒント6) のある人のことなのです。

　企業もまったく同じです。社会と信頼で結ばれているブランド企業には、「生きることの意味」を与える、より深く広いビジョンがあります。それは社内に生きる社員1人1人に意味を持たせてくれる共通のビジョンです。

例えば

- 自分の子供と一緒に楽しめるパークをつくろう。
  それは、地球で一番幸せな場所（ウォルト・ディズニー）
- 生涯顧客から追われ続けるお店をつくりたい（百貨店・ノードストローム）
- 人のやらないことをやる。人の感動することをやる（ソニー）
- お客さまの期待を超えるから感動がある。
  「第二のわが家」をつくりたい（リッツ・カールトン・ホテル）
- 家庭にも職場にもない第三の安らぎの場所をつくりたい（スターバックス）

　それぞれのビジョンという、夢やロマンや熱い想い。そのビジョンが強ければ、それが求心力となり、さらに全体のレベルを高めていきます。いま目標とか希望とか、仕事に対する理想を掲げることが、とても大切な時になりました。目標のある幸せ、目標のない不幸せ、と言われる時代です。

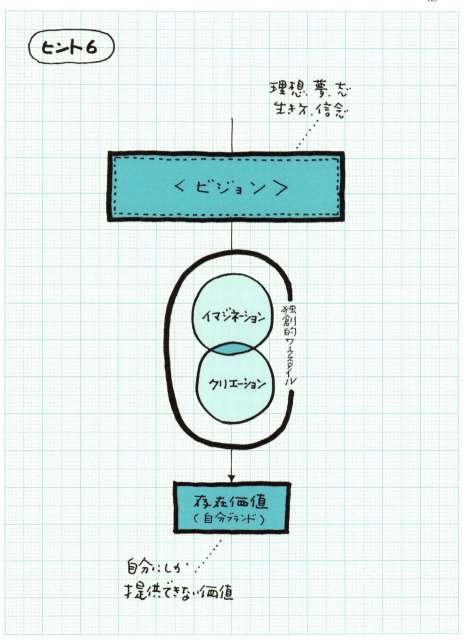

7 新しい価値の提案「コンセプト」

「時代が変わっているのに、いまのままでいいのか」「人の気持ちが動いているのに、同じ考え方でいいのか」…。最近、「コンセプト」という言葉が頻繁に使われるのは、いままで当たり前と思っていた価値観が、そぐわなくなってきたからです。企業も商品も、昔からの価値観のままだとしたら、大きくズレています。広告もマーケティングも、県も街も学校もイベントも建築物も、みんな価値観のズレを感じているから変わろうとしているのです。いま、「生きる」とは「変わる」こと。変わるための知恵が求められています。

すべてのコンセプトの見直し。この変化の激しい中で、きりりと立っていける新しい価値観を、新しい「差別化の素」を、みんな必死で探しているのです。そして早めに気がつき、つくり、変身したところがキラキラしています。

ここで、あらためて「コンセプト」とは何か、ヒント7を見ながらご理解を。
コンセプトとは、概念、着想を意味し、基本となる理念・指針です。

- 企業と社会の両方にまたがり、独自の主張で新しい価値を提供する
- 市場（生活者）から見て何が売りものなのか。何が競争力なのかを発見
- 売りにつながるアイディア、戦略性を持ち、変化を起こす作業

例えば
- Ⓐ スターバックス…コーヒーを売るのではなく、「安らぎの体験」を売る
- Ⓑ ユニクロ…ファッションを売るのではなく、「みんなのカジュアル」を売る
- Ⓒ ヤマト運輸…運送業ではなく、「わがままを運ぶ」サービス業だ

このように、コンセプトとは、いまの時代が求めている価値観の中に、どんな関わり方をするのか、その新しい提案でもあります。コンセプトワークこそ、ビジネスマンが手離してはいけない一番面白い仕事です。

【ヒント7】

● 「コンセプト」とは、こんなカタチです。●

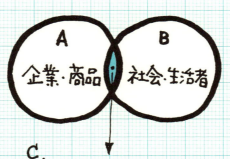

『いま、何が売りものか』
＝
コンセプト

（企業と社会との両方にまたがり
新しい価値を提供する。）

A. 現場認識する
 ・いま企業は、商品は
 ・背景・環境
 ・強み・弱み、他

B. 洞察する
 ・時代の流れ
 ・生活者の動き
 ・価値観、他

C. 先取りする
 ・新しい価値
 ・新しい主張
 ・新しいアイディア、他

8 先が読めるか、全体が読めるか。これがチカラです

　私たち広告人にとって、人々の生活を観察し、洞察し、そこから明日の「芽」を発見することは、最も重要なことでした。なぜなら、ここをはずして、新しい創造性は考えられないからです。ヒント8 はディズニーの視点です。
　いま、この明日の「芽」を見つけることが、ビジネスの世界で大きなテーマになっています。最近、経営者がよく言っている洞察力、予見、見抜く力です。私は「読む力」と言い、「イマジネーションからクリエーションへ」が一体となった総合力じゃないか、と思っています。とにかくビジネスの世界では、「読む」ことだらけですから。

- 先を読む ── この時代の動きの中で「いま」でなく「次の手」をどこにおくか
- 全体を読む ── 鳥の目で見て、何が問題で全体をどう動かしていくのか
- 人を読む ── 個々の動きと全体をつらぬく本質を見きわめ、新しい価値を
- 変化を読む ── ITの進化の中でヒトもコトもモノも変わる、なぜ？ どこに向かう？

　このように、「読む」ことはイマジネーションをフル回転させ、世界を描いていくことで、「その先どうする？」というクリエーションがつねに求められているものなのです。読む＝創るのワンセットです。
　「読む力」には、情報力とか想像力とか、感性（洞察、直観、センス）とか、人間力（好奇心、ビジネスマインド）とか、複合型のチカラが求められます。手持ちの知識で簡単に読みきれるものではありません。読めても浅いものです。変化に興味を持ち、情報アンテナを張りめぐらし、情報を集めることで初めて、見えなかったものが見えてくる、気づかなかったことに気づいてきます。何が必要とされているのか、新しい動きを感じとれるようになってきます。

ヒント 8

何を読むか
何を見つけるか

ディズニーランドの
『遠近法』

- 大人になっても子供の気持ちを大切に
- 過去・現在・未来
- 現実と仮想（夢だけれどコミュニケーションがある）
- 異次元の世界と日常の活力
- 夢とビジネス化と

9 情報は、すべての「想像力」の素です

　情報は、すべてのイメージを描く素材です。1～8にあるように、ビジョンも、コンセプトも仮説も、すべて発想の素材は情報です。大きく、新しく、ユニークなイマジネーションを発揮できるかどうかも、持っている情報にかかっています。

　ようするにインプットのないアウトプットはあり得ないのです。また、先を読むのも、全体を読むのも、情報を手にすることによって見えてくるものです。

　ビジネス社会で求められる想像力は、けっして個人の能力、感性の差でなく、情報収集と加工する努力の差。情報を手にし、加工するコツ（次ページ以降）さえ身につければ、かなりの発想力になります。「イメージを拡げる原動力は、情報にある」という原則を知ってください。

「企業活動の本質は創造である」

と、ドラッカー氏（マーケティングの権威）。そして「つねに新しいものを創造し、つねに変わっていくことこそ企業活動。生きようと思ったら変わらなければならない」とつねづね語っています。私たちが、新しいコンセプトを、新しいビジョンを、と言うのも、まさに新しい価値を創り出すことを目的としているからです。ヒント9 。

　どんなにいい商品でも、どんなにいいサービスでも、情報がなければ、ないに等しいのです。しかも、価値ある情報でなければ役に立ちません。そして、情報価値を高めるということは、相手の関心事に正確に答える、ということ。生活者のこと、世の中のこと、あらゆる変化を察知し、新しいカタチにつくり変えていくのが、ビジネスの基本姿勢だと思います。

ヒント9

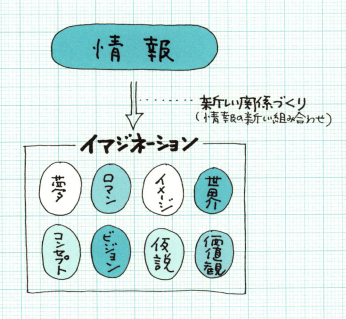

10 アイディアは「情報の組み合わせ」

　新しい情報価値を生むアイディアとは、「情報の組み合わせ」であり、「創造力は情報の組み合わせ能力だ」と言われています。また逆説的に、「私たちの発想は自分たちの持っている情報にしばられる」とも。確かに情報は、新しい知恵を生む素材であり、この素材なしでどんなビジネスもスタートできません。

　38ページで、想像力は個人の才能や感性の差でなく努力の差と言いましたが、以下の原理・原則と方法を身につければ、かなりのことができます。エジソンだって、天才とは99％の汗と1％のインスピレーション、と言ってるじゃないですか。いまは情報が多く、しかも複雑にからみ合い拡大している時代です。その中で「質」のいい情報を手にするために汗をかきましょう。それがアイディアの素になるのですから。

「アイディアのつくり方」——その原理と方法

　『アイデアのつくり方』（ジェームズ・W・ヤング著）の本を手にしたのは、30年位前のこと。あまり気にもせず手元においていたが、あるとき開き、「目から鱗」。アイディアとは霊感によって突然生まれるもの、天性の才能、天才がいきなり生み出すもの、と（多少大げさですが…）見えたのが、この本では、その方法さえ分かれば考える手筈は得ることができる、と。一定の順序を持つ流れ作業の結果、創り出されるものであることを明らかにしてありました。

　この原理と方法を身につけることで、アイディアは格段につくりやすくなるはずです。ヒント10に要約してみました。ここで個人差が出るのが原理Ⅰの新しい組み合わせと新しい関係づくり。ここでセンスが問われます。アイディア発想のコツ、として身につけたいものです。

ヒント10

アイディアのつくり方

ジェームス・W・ヤング 著より

I アイディア創造の原理
1. アイディアとは、既存の要素の新しい組み合わせである
2. 新しい組み合わせは、事物の関連性を見つけ出す才能に依存する

II アイディアをつくり出す方法
1. 資料を集める — ① 特殊資料（関連する商品、顧客、市場）
   ② 一般的資料（世の中の人生さまざまな出来事）
2. 資料を咀嚼する — 集めた資料の意味を探る。関連性を探す
3. 発酵させる — 組み合わせの可能性を心の外に。自由に働かす
4. 閃く・訪れる — アイディア誕生の瞬間が天から降りるのを待つ
5. アイディアチェック — 現実に対応させる。具体化し展開させる

11 私のプランニングスタイル

　40数年間、広告、マーケティング、ブランディングなどに関わり、大半が「考える」ことが仕事でした。メーカーと違い商品のない広告会社にとって、「知恵で稼げ」がテーマでした。「情報」を最大の原材料に、それを組み立て、加工し、「表現」という商品にするのです。その商品価値は、「人を動かす・モノを動かす」ことで評価されていました。

　こうした状況の中で、私自身、どのように考え、プランニングしてきたか。あらためてフローを書いてみると、41ページの「アイディアのつくり方」にそっくり。仲間たちのスタイルも似たり寄ったりです。基本はそれぞれ、そんなに違ってはいません。

　例えば、テーマ「A」を前にして。(ヒント11)
1. 仮説を持つ（このテーマなら、こんなこと可能かな？）
　　　　　　（こんな世界を描けないか？）
2. 情報収集　①（Aテーマ関連、周辺情報）
　　　　　　②（仮説を拡げ、他領域、未知、関心事）
3. 白い紙に「事実」を書く（群をつくりながら。コンパクトに）
4. じっと紙を眺める（壁に貼って、眺めることも。言葉を楽しく）
5. 新しい関係を探る（組み合わせ、加工、編集の可能性を楽しむ）
6. 関係づける（新しい組み合わせ、まとめ、ワード化する）
7. 発酵させる（新しいストーリーを思い浮かべながら、放っておく）
8. 閃き！アイディアのまとめ（発想のジャンプがくる──「きたッ！」快感）
9. アイディアのまとめ（文章化）
10. アイディアの具体化、戦略化へ

ヒント11

スイッチON！
私の場合
白い大きな紙とマーカー

```
テーマ「A」
```

- できるだけ大きな紙　A3クロッキー OR
　　　　　　　　　　　A2 コピーペーパー
- 筆記具　　　水性マーカー（裏うつりしない）…uni
　　　　　　　サインペン（黒・赤）…Pentel
　　　　　　　水性ボールペン（黒）…PILOT
　　　　　　　ボールペン 0.3ミリ …Pentel
- 絵を描く気分で、「情報」をもて遊ぶ。
- ひんぱんに俯瞰する…世界が見えてくる。
- 情報が書き込まれるほどに、
　新しい関係が生まれてきます。

12「プランニング」のカタチ — 蝶ネクタイ型

　企業の仕事の大半は課題解決です。「もっといい方法はないか」を問われ続け、そして答を出し続けるのが毎日の仕事です。顧客のこと、商品のこと、組織のこと、販売のこと、人材育成のこと、すべて「もっといい方法はないか」。テーマの大きさに違いはあっても、プランニングの毎日でしょう。情報収集し→課題発見し→課題解決する、この連続です。

　この一連の流れに対し、私は蝶ネクタイのイメージを持っています。幅広く情報を集め、ぎゅーっと絞り込んでテーマ、コンセプトを設定し、実現のためにトータルな戦略設計で統合パワーにしていく。ヒント12は私流の蝶ネクタイ型ですが、「プランニング」の全体イメージがつかめるかと思います。

　STEP 1の1.2（P22〜25）で言えば、次のような関係です。

- 何を言うか ---- 情報収集・課題発見 ---- 「想像力」が問われる
- どう言うか ---- 課題解決 ---- 「創造力」が問われる

　さらに「プランニング三分割」を動かすと（ストーリーにすると）

① いま、何が問題か（現状認識）
　それは、なぜ問題か（問題点把握）
② どうなりたいの。どうしたいの（新しい目標設定）
③ そのために、どう解決するのか（計画案・解決策）
　どんな成果が予測されるのか（展開シナリオ）

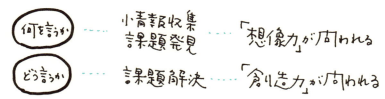

プランニングの三分割

プランニングは蝶ネクタイ型を
イメージし、3つのステップを動か
してください。

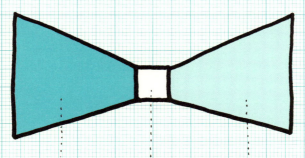

情報収集	課題発見	課題解決
全体把握	絞り込み	戦略・戦術
分析・判断	テーマ（切り口）	アイディア・表現
組み合わせ	コンセプト（新価値）	実行計画

```
いま、                    その
世の中は                  戦い方は
市場は                    方法論は
競合は                    表現は
顧客は                    商品
商品は                     （デザイン・
流通は                      ネーミング）は
生活者は                  売り方は
トレンドは                キーワードは
広告は                    スケジュールは
販促は                    時間は
                          コストは
                          メンバーは
```

13 生活者の欲求に合うから「情報価値」

　いま、企業の価値観が揺れ動いています。ヒント13 で、企業の価値づくりの考え方を描いてみました。これだけ激しい変化の中では、企業の立ち位置も変わらざるを得ません。自慢できたことが自慢にならない。魅力が魅力でなくなっている。図中に示した「実質的価値」が人を引きつけなくなっているのです。大きく引いて見て全体像で企業の価値をイメージし、組み立てを考えてみましょう。例えば「コンビニエンスストア」

- 24時間、便利さを売ってきた「コンビニ」の生活者への情報感度は高く、変化は早い。
- コピー機、ATM設置から中食、総菜、コーヒーへ。さらに地域に合わせコインランドリー、スポーツジム、自転車シェアリング、介護相談、ネットコンビニ…と、いまや社会のインフラ化しています。

　いま、企業や商品や技術に、生活者が求めようとする価値がありますか。社会にメッセージできる価値がありますか。差別化できる価値がありますか。
　横並びの競争社会の中で、そこから抜け出るために企業は必死にモデルチェンジを図っています。モノからソフト化へ。高品質から高付加価値へ。そこに情報価値があるかどうかが決め手です。
　私の在籍した博報堂は、企業と生活者を情報で結ぶ会社です。生活者をより豊かにし、企業にはより利益をもたらす情報とは何かを探り、生活者の欲求に合わせ新しい価値を創り出してきました。その経験から右のように情報価値づくりを図解しました。
　生活者の欲求に合わなくては「情報価値」とは言えません。生活者の価値観を読みとること・創り出すことが何よりも大切になってきました。

ヒント13

企業価値づくりの構造

「何が世の中にメッセージできるか」
実質的価値に、新しい情報価値
を創り「企業丸ごと」強め、変えていく。

実質的価値 × **情報的価値** ＝ 総体的価値
　　　　　　　　　　　　　　　　　企業のアイデンティティであり、
　　　　　　　　　　　　　　　　　ブランド価値である

実質的価値	情報的価値
モノ・技術	商品・サービスの新機軸
販売、工場、原料	新技術、ソフト（生活スタイル）
サービス、研究所	生活者志向の施策
品質管理、店頭	理念、ビジョン（ブランド）
機能、効能	新習慣提案、地域密着
⋮	社会提案、貢献、メセナ
	イベント、広告、デザイン他
	⋮
（当たり前のことになりつつある。差が見えない。）	（世の中にメッセージできる差別化の要素。）

14 ポケットいっぱいの「情報持ち」になる

　情報持ちになる——最大の原動力は好奇心です。好奇心は何でも見て感じて、五感に触れるものすべてに反応します。疑問も持ちます。新しいことについてメッセージを発信します。世の中の変化に興味を持つことによって、何が必要とされているのかが見えてくるのです。時代が変わり、動いているスピードについていけるよう、つねに目を開いていましょう。

　情報とは、五感で読みとれるもの、感じとれるものすべてです。この情報が、夢を描くのにも、ビジョンを掲げるのにも、コンセプトを構築するのにも、素材となります。手持ちの情報で間に合わせるのではなく、視界を360度全開し、ポケットいっぱいの情報持ちを目指してください。ヒント14は東海林さだおさんの情報ポケットです。

そして博報堂コピーライターのシートノックの話

　新人コピーライターには、先輩から100本、200本というノックの特訓を連日受けます。それは「キャッチフレーズ、明日まで100本」の宿題で、それが毎日なのです。最初は30本、40本と書けてもだんだんいきづまる。頭は熱くなり、背中にも額にも汗。手あたりしだいに切り口を探す。表現になっていなくても、どれだけ間口を広げていけるのかの訓練です。

　当然、戦略性なんて頭に浮かびません。自分の半径の狭さ、知識、常識のなさを思い知らされる期間です。必死に切り口を探しまくるうちに、情報収集のコツも身につけ、自分なりの情報が引き出しに貯まり始めます。「アイディアは自分の持っている情報にしばられる」ことを認識するときでもあります。

【ヒント14】

「東海林さだおさんのアイディア帖」

日々の準備こそ
アイディアの勝負どころ、と
ヒミツのノート600冊
- ネタ絵を1冊80ページのノートに
  1ページ5個のアイディアで400個
- 数だけだと20万4000個だけど
  使えるのは最近の30冊で
  1万2000個
※ 毎日、ネタに困ることも、
  ウンウンうなることもありません。

超優良企業「さだお商事」より

15 もっと人間観察からの発想を

「売り手の理屈は、もういらない。過去のイメージを持たず白紙になって顧客のことを考えるときだ」と、花王・常盤文克元会長。いま産業界全体がこうした考え方を強く打ち出しています。時代が動いているのに、入れものが同じでは、顧客は離れていきます。「顧客第一」というかけ声だけのことではなく、企業活動のすべてに（姿勢と行動に）裏づけされているかどうかです。

それは工業生産型（いいものさえ作れば）の価値観でなく、モノ＋ライフスタイルの、提案性ある生活者の価値観です。それを生み出すために不可欠なのが、「生活者発想」です。

現場のリアリティから、イマジネーション！

何度も話に出ましたが、生活者の欲求に合わなくて価値があるとは言えません。そのためにも生活者の価値観を読みとることが重要になってきました。人々の生活を観察し、洞察し、明日の「芽」を発見することです。

『博報堂生活総合研究所』は、30年以上前に、こうした生活者発想で生活者の日常から、世の中の兆しを発表し続けてきました。消費者は、生産者に対して消費する人。個人化の進む中で、消費した後付けの実態を探るだけでは、本当の姿は読みきれません。消費する行為の裏に、そこに生活する個人がおり、その個人が見えないかぎり消費者は見えないのです。

ヒント15 は生活者発想の全体的な視点です。1人1人、生活者としての発想を持ち、「人を動かすものは何か」「どこに向かっているのか」…ディティールに執着してこそ、心を打つ発想が生まれます。そして、それが本当の「顧客第一」であり、各企業が向かうべき生活者思考です。

ヒント15

「生活者発想」という全体的視点

生活者は、消費のために生きるのではなく、自分の生活を充実させるために、商品やサービスをとり入れています。生活者を包括的にとらえ、消費者行動の核心にせまろう。

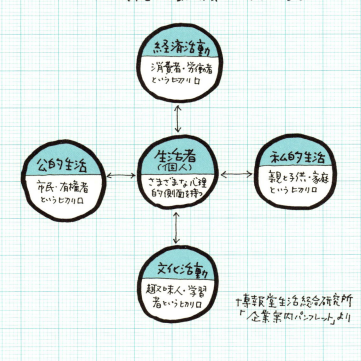

博報堂生活総合研究所「企業案内パンフレット」より

16 人を動かすのは、「ロジック」でなく「エモーション」

　ビジネスは「人間」でできている。と、私はことあるごとに話しています。当然といえば当然のことですが、あえてここに焦点を当てたのも、人間を知ることの大切さがビジネスで不可欠になったからです。というより、企業の勝ち負けに関わるからです。生活者も市民も一段とレベルを高め、IQも、「わがまま度」も進み、ちょっとやそっとのロジックをふりかざしても納得しません。論理で説得しても心の底でうなずいていないのです。<u>「分かった」ということと「好き」とは違います。分かっても「嫌い」と言われたら終わり</u>です。

　日産のゴーン氏も上記の話をしながら、性能、技術の上に、デザインという感性をはずしては考えられないと、大きく方向を転換しています。

　また最近のマーケッターの視点も定量から定性へ。結果後付けの何％で良し悪しを判断するのではなく「なぜ人はモノを買うのか」という洞察を進めていく、ポストモダーンマーケティングへ志向しています。そして、より深く満足を求めるなら、合理性だけでなく、もっと精神的な価値を重視したアプローチへ。いま話題の「ライザップ」は、まさに人の真理にせまり「三日坊主市場」をつくり出しました。三日坊主にトレーナーが寄り添うマンツーマン制でコミットしていくのです。「人は変われる」、そこへ健康投資。人はトレーニングでなく「結果」を目的にやってきます。

　ヒント16は一流制作者の哲学のようなもの。人の気持ちの中にどう入るか、モノとヒト、その両者の接点をどう見つけるか。一様に目線は同じです。人をはずしては、あらゆるビジネスが成り立ちません。

ヒント 16

一流プレーヤーのつぶやき（制作のスタンス）

「人間って、そんなに変わらないし、人間のこと考えれば無限にネタはある」

「普通の自分で日常を呼吸していて、そこから出てくるもので作るのが一番いい」

「生活と表現はイコールだ」

「1つのテーマがきたとき、いかに、今までにないカードを出せるか」

「商品と私との関係がどうなっているのか。その「橋」を探せばいい。関わりとか、まなざしとか」

① 自分が商品をどう考えるか。と
② 不特定多数にとどける。
この2つをチェックする」

「小青と利と理が1つになるとき、オーバーラップするところで成立する」

「得意先へのサービスと消費者へのサービスで表現を開発する。広告はサービス業だから」

「広告する商品は人が使うもの。人が使うかぎり感情があります。その感情をあぶり出すのです」

「人は話題にしやすいことを話題にし、話題にしにくいものは話題にしない。それをキーに切り口を探す」

※ つねに双方向の視点。相手（生活者/人間）を洞察することで広告コミュニケーションは成立している。

17 水面下へ、「人間の満足を求めて」

　情報として私たちに見えているのは氷山の一角で、大部分が水面下にあります。商品も、カタチやデザインは見えていても、その背景、歴史、理念、プロセス、キャラクター、生まれる葛藤など、ほとんど水面下です。ひょっとすると大事なことが隠れっぱなしかもしれません。

　同様に、生活者の日常の行動は見えていても、水面下の意識はどう動いているのか、ここに関心が集まってきています。いままでの氷山の部分で組み立てられたマーケティングが、うまく機能しない、ジャストフィットしない、という反省が大きくなってきたからです。見えない水面下にもっと大切な本質を探し始めているのです。

　2割の合理性と8割の非合理性で生きるのが人間です。これまでの実証的なモダーンマーケティング（定量調査）の情報収集が心を打たず、洞察する水面下のポストモダーン（定性調査―なぜ人はモノを買うのか）が受け入れられているのです。ヒント17

　マーケティングが変わってきているように、ビジネスの世界も大きく変わってきています。その一面として、より高度化、複雑化が進むほどに、洞察、直観、想像、創造、予見など、アート感を求める空気が、とても強くなってきていることがあります。また、顧客本位が浸透して、従来の見方、接し方では通用しなくなったことから、人間深堀りの傾向が深まっています。こうした動きの中で、私たちも氷山の上・下を見続け、生活者の気持ちに肉迫していきたいものです。

　ますます、アナログが最先端へ。そんな感じがしませんか。

ヒント17

水面下に、ヒント！

見える　　　　　　　合理性
　　　　　　　　　　20% 定量（客観的事実）
見えない　　　　　　定性（主観的真実）
　　より深く人間の　**80%**
　　満足を求めるなら　非合理性
　　もっと精神的な価値
　　を、水面下から。

生活者の意識
センス・趣味
価値観
行動の質的変化
心理的背景
モチベーション 他

18 「足」で知る・「足」で感じる

　一番重要な情報は、人間が運んできます。だからモノゴトや人間をとことん観察し、人間通になることが求められています。生活者、市民、社会は、予想を上回る速度で力をつけているのです。もっと中へ。時代のスピードについていけるように、つねに最先端の現場で目を開いていてください。一度遅れると、追いつくのに何倍ものエネルギーがかかります。

　「人間をジーッと見続けろ。人間観察の深さがビジネスの根っこだから」と、先輩に言われたものです。ヒント8は各界プロの現場感、いや哲学です。

1. コピーは足で書け

　コピーライター1年生のときは、毎日のように「コピーは足で書け」と言われ続けました。銀座にあった会社から、連日、松屋デパートに行き、8階から地下まで降りてくる。全館くまなく歩き回り、モノを見、人を見、気配を感じとってくる訓練でした。こうしたことが体質となり、好奇心いっぱいで取材することを憶えました。「取材すればかならず発見がある」と信じて。

2. 「レッグワーク」という大切なプロセス

　アメリカ大手広告会社の制作部門では、この過程を「レッグワーク」と呼び、大切にしています。何回も工場を訪ね、工程を観察したり、販売部門に取材したり、ユーザーのヒアリングで自ら肌で感じたり。「2週間のレッグワークで2時間のコピーワークを」、と言われるとか。書くことより感じることの大切さを風土としているのです。頭の中に入れたものを、いったん現場におきかえないとリアリティがないからでしょう。

ヒント18
「足」で考える

現場を歩くたびに、私の予見がひっくり返り、改めて現実というものの、みずみずしさや複雑さに驚かされてしまう。
取材とは、事実を発見することで、自己の革新を起こさせるものだ。
事実が私を鍛えてくれる。
―― 斎藤茂男（ジャーナリスト）

できるだけ現場に足を運ばないと、人間のぬくもり、匂い、怒り、驚きは分らない。それが分らない人間がいくらコンピュータを操作しても創造的なものはできないはず。僕はものをつくっている間は、現場を大切にしたい。
―― 安藤忠雄（建築家）

現場や、現場の背後にある人間の生の声を聞く大切さを、今も学び続けている。
―― 柳田邦男（ノンフィクション作家）

本を読んで、それが研究や、と言う。本は先にほかの人が言ったこと。自分で考えて発見した成果とは違う。もっと自分の頭を使う。自分の考え、自分のアイディアを出す。だから、私は「足で学問をする」
―― 梅棹忠夫（京大教授）

動きの基本は、観察。
子供の5分間の体験は、大人の1年分の体験に等しい。
―― 宮崎駿（スタジオジブリ）

19 夢やロマンがあるから、「サクセス」

　企業が世の中に発するメッセージで、「どこまで生活を豊かにしてくれるのか」「快適にしてくれるのか」が、企業の存在感のモノサシになっています。稼いでいるか稼いでいないかでは、志はあまりにも希薄です。利益ではなく、商品やサービスや、情報の送り手としての良識や品性がつねに問われ、その結果、「あなたがいないと困る」と言われる企業になるのがゴール。ヒント19は、スターバックス・シュルツ社長の夢です。ロマンです。
　そして、この夢（ブランドビジョン）に向かって行動し、実績をつみ重ねたことが、企業ブランド確立へ大きく貢献しています。社会的責任（CSR）という言葉こそ使われていませんが、それをかみ砕いて実践している姿が、世界中の顧客から評価されているのでしょう。

　もちろん、スターバックスにだって、ビジネス課題はあるはずです。
　当然コーヒービジネスをする足元には課題はあるのに、そんな課題はヒントにある夢や理念が超越してくれます。社員もこうした夢に向かって1人1人が誇りを持ち、揺るぎない気持ちで挑戦していることでしょう。夢があるかぎり、多少の負（リスク）は乗り越えられるものです。「人々が一番楽しみながら飲めるところ、一番飲みたいと思っているところへ」「家族で大切な友人（顧客）を迎えるときのように」、そして、「人間的な結びつきをもたらしていきたい」と。
　大きな絵を描き（イマジネーション）、それをどう信頼関係に結びつけるか（クリエーション）。高品質なコーヒー、インテリア、サービスなどの創造性豊かなアウトプットが、現在のスターバックスに見事にあらわれています。

ヒント19

「シュルツ社長の約束」
（スターバックス）

われわれは、人々の腹を満たしているのではない。
人々の精神を満たしているのだ。

●

われわれは、コーヒーを売るために商売をしているのではない。
人々を喜ばせたいと思い、その手段としてコーヒーを扱っているのだ。

●

地域住民の生活の一部とし、驚きと希望を与えて生活を豊かにしたい。

20 生き方以上の「発想」は生まれません

　制作新人研修の話です。私の第一声は、毎年「広告人の前に社会人」という話でした。広告業という職業人である前に、1人の社会人としての常識、価値観、感覚を持たずしてプロにはなれないからです。なぜなら、企業と生活者の真ん中に入って、一緒に喜んでもらえる知恵を出し続けるのが仕事。広告の理屈とか、表現のハウツーとかの、狭い視野でやっているかぎり、すぐ壁につきあたります。

　これはどの職業にも言えることでしょう。商品の先に人がいて、技術の先に人がいて、ビジネスの先に人がいる。すべての先に「生活」を背負った人間がいます。つねに社会という響きの中で、仕事を位置づけたいものです。

　このSTEP 1でいろいろ語ってきましたが、ようするに…

- 「創造」の前に「想像」──夢を大きく、自分の熱い想いを描くことから
- 「どう言うか」ではなく「何を言うか」──自分が何をやりたいのか。どう考えているのか
- アイディアは自分の情報にしばられる──インプットあってのアウトプット。手持ちの情報・知識の組み合わせでしか発想できない

　ヒント20は、私たちがアウトプットする企画やアイディアを氷山の一角とすると、この水面下の部分をもっともっと大きくすることで、水面上の氷はいくらでも大きくなるのでは…と、イメージしてみたものです。

　「発想」とか「考える」とは、自分を表現すること──それは人間の個人性と社会性という問題に尽きる、と思います。自分を磨き成長しないかぎり発想は拡がりません。職業人である前に社会人であるべきなのです。

ヒント20

〈生き方以上の提案は生まれない〉

アウトプット
企画.アイディア
表現 他

水面下

創り手の、
情報.知識
知恵.感性
想像力
人柄.価値観
社会性.テイスト

イマジネーションしよう

こんな「！」が欲しい。

- なるほど そういう考えも あるのか！
- これは ありそうで なかった！
- そこまで 気がつかなかった！
- なぜ今まで これがなかったのか！
- こういう見方 があるのか！
- 今までの 考えは 何だったのか！
- こんな手が あったのか！

STEP2
「クリエーションの磨き方」

PART Ⅱ — STEP2「クリエーションの磨き方」

1 夢を実現する力──それが「創造力」

　ここからは、ビジネス活動のあらゆる局面で創造性を発揮していただこう、というSTEPです。想像力が夢見る力なら、創造力は夢を実現する力。それはイメージの世界を、リアルな世界に定着させていく、かなり力のいる作業と言えましょう。想い描くだけでなく、それをカタチに。しかも独創的なカタチを、最終的に求められるのです。

　STEP 1-1でもご紹介したように、これからは、「2つのそうぞう力」──イマジネーションとクリエーションの力が企業を支えていくことでしょう。オリジナルな「夢」（イマジネーション）があるから、オリジナルな「カタチ」（クリエーション）につながっていくのです。2つの力はそんな関係でパワーを高め合っていきます。あらためてビジネスで求められる「創造力」とは何かを ヒント21 で定義してみました。

　これまでビジネスの世界で、あまり創造性は問われませんでした。創造性を企業の競争力にという企業は、あまりありませんでした。しかし、欧米の後追いが終わって、お手本となるべき基準が見えなくなる。IT化社会はモノも情報も均一化・均質化に向かう。いまこそ、自ら他人と違う自分、他社と違う企業力をはっきり打ち出さなければいけません。個性化の競争、オリジナルの競争が始まったのです。

　創造力は本書を読んで突然高まるなどとは言いません。それは、つねに「創造性豊かな仕事をしよう」という意識と経験のつみ重ねでしか身につきません。そのための原則や方法論や刺激を、ヒントの中に随時折り込んでいきます。気づけば動く、動けばきっと変わります。

ヒント21

【創造力とは】
- 本質的に新しいもの、まだ知られていないようなアイディアを生み出す力
- 新しいイメージを具体的なカタチに定着する力
- 問題解決に対して新しい価値をつくり出す力

【創造とは】
- 情報の組み合わせによって新しい価値を生むこと

【アイディアとは】
- その創造の核となるのがアイディア

【アイディアのつくり方】
- STEP1-10 ヒント10参照。

2 ビジネスの本質は「創造」です

　ドラッカー氏は「つねに新しいものを創造し、つねに変わっていくことこそ企業活動」と言い、「生きようと思ったら変わらなければならない。生きているものは、つねに変化している。朝と夕との自分は違う。生きると変わるは同義だ」と言います。ウカウカしてはいられません。変える力、すなわち創造力を高める努力をしないと。ビジネスをポジティブに楽しみ、面白がることは、創って成果を上げ、変化を起こす、「創造力」なしに考えられません。

　企業にとってなぜ「創造力」かをヒント22に要約してみました。どの企業でも、考え、悩み、求めていることだと思います。企業の最大の競争力は「差異化」です。差異が創れれば、競争は生まれないのですから。そのため企業はナンバーワンでなくオンリーワンを目標としてきているのです。それを企業理念として掲げているかどうかはともかく、どの企業でも持続し成長し続けるために、差別化、個性化を目指します。下の2行がすべてです。

> 人と違うことを考えよう。
> 人と違うものを創ろう。

　企業も事業も商品も社員も、オンリーワンに向かう風土が欲しいと願っています。やはり、「創造力」がキーです。本気で、企業の真ん中に「創造性こそ会社のコアコンピタンス」と掲げると、企業の体質は大きく変わってくるでしょうね。そのためのブランドづくりに少々のエネルギーはかかるでしょうが。

ヒント22

なぜ「創造力」か

- 企業は → オンリーワン戦略
 「差異化」が最大の競争力だ
- 目標は → MAKE DIFFERENCE
 人と違うことを考え、違うものを創る
- 組織は → 自立人の集団化
 全員クリエイティブ体質の組織化
- 人材は → 独創的思考者
 1人1人がオリジナルシンカー

3 毎日、課題解決。毎日、「創造の日」

　企業の仕事の大半が課題解決です。あらゆるものがスピードを速めて変化している、動いている。となると、黙っていても、古くなる、合わなくなる、ということになります。それには、毎日動きを見、創造力を働かせていかなければなりません。

　「収益が下がる、どうする？」「モノが動かない、どうする？」「顧客からのクレーム、どうする？」「人が育たない、どうする？」「組織が対応できない、どうする？」。小は身のまわりのことから、大は事業や経営に関することまで、それぞれが複雑にからみ合い、その課題解決は一筋縄ではいきません。

まず、1人1人の創造力アップのために

　いま、ビジネスで求めている「課題解決」とは、先につながる、全体につながる、そして独創性ある提案のことです。そのためには、1人1人が「人と違うものを創る」姿勢と方法を手に入れることです。

　「課題」は1つとして同じものはありません。だからマニュアルはありません。ヒント23は、私の経験から描いた「姿勢と方法」のイメージです。一番シンプルな基本型です。

　まず、相手が動いている、変化していることに気づかないと新しさは生まれません。ということで、①考えるとは双方向であること（現場の状況、悩みと世の中の動き、そのときの自分の想いとの接点から発想する）、②その接点から新しいアイディア、新しい関係を見つけること。想像すること。この①、②から新しい価値観（コンセプト）を創造し、課題解決の実行計画へとつないでいきます。世の中の動きを洞察し、予見することから創造は始まります。

ヒント23

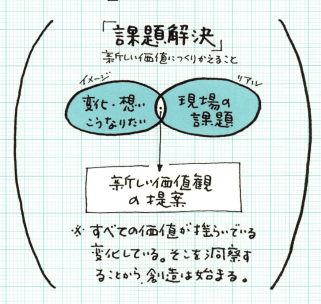

4 創造力アップに、「マーケティング発想」が効く

　企業の競争に合わせてマーケティングが生まれ、あと先をくり返しながら進化しています。そこには勝つための、生きるための独創性が不可欠になってきました。いまやマーケティングは企業戦略そのもので、ビジネスの課題解決に欠かせない発想法でもあります。そのためにも(ヒント24)にあるマーケティングの全体像を頭の中に刷り込んでください。

マーケティングフローのミニミニ解説
　①市場・顧客を知る②課題を見つけ③切り口を発見し④新しいコンセプト（価値観）を設定し⑤戦略的（統合的）に実施する…という流れです。

身につけたい「マーケティング発想」
　私自身、毎日の「仕事」に意識しているのが「マーケティング発想」。マーケティングの本質である、ここをはずさないようにしています。特に、
　Ⓐつねに相手の立場で考える（顧客・市場本位）
　Ⓑつねに価値観を変える（コンセプトワーク）
　Ⓒつねに戦略的に組み立てる（統合・複合パワー）
　この3つを意識することで、ズレのないプランニングをすすめていきます。

・

　いまや、あらゆる企業や組織が、マーケティングを経営戦略から課題解決までとり入れています。国も自治体も団体も病院も学校も商店街もマーケティングへ。いままで、自分の都合でモノゴトをすすめてきた大きなツケがパッと出てきました。相手の都合で発想すれば、もっと早くから元気になっていたでしょう。

ヒント 24

マーケティング プランニング フロー（5段階）

マーケティング目標

1. 市場環境分析
（新しいヒカリロ発見のために）
- いま、世の中は
- いま、市場は
- いま、競合は
- いま、生活者は
- いま、商品は
- いま、流通は
- いま、コミュニケーションは
etc.

2. 問題点と機会
- 何が問題でどこにチャンスがあるのか
- 明確に分析をする

3. マーケティング課題設定
- どんな課題を解決するのか（絞り込み、順位づけ）
- 目的をはっきりさせる

4. 戦略の基本方針
- Ⓣ ターゲット
- Ⓟ ポジショニング
- Ⓒ コンセプト
- 誰に、どんな方向づけで、どんな戦い方をするのか

5. マーケティング戦略計画 (4P)
- 商品戦略
- 価格戦略
- 流通・販売戦略
- コミュニケーション戦略
  ＝
（基本方針の戦略）
　戦術化

5 顧客を知るほどに、創造性は高まる

いま、企業の都合でビジネスするのではなく、顧客の都合に合わせてビジネスする時代、と言われています。プロダクトアウトからマーケットインへ——市場の声からすべてモノゴトが動き始めます。当然、広告会社も同じです。一番大切なことは、生活者のために、生活者の立場で、「何が一番喜ばれるか」を考えることでした。STEP 1でもお話しした「生活者発想」です。

どこまで相手の立場に立てるか。 相手と相手をとり巻く環境を徹底して深堀りし、そこから新しい価値を、新しいアイディアを生み出すことが創造力です。サントリー「BOSS」の例でお話しすると……

コカコーラ「ジョージア」が断然優位の缶コーヒーマーケットの中で、サントリー「イースト」「ウエスト」は苦戦。ここで徹底した顧客調査を缶コーヒー愛飲者から行い、ターゲットを見事に浮かび出させたのです。見えてきた作業員やトラック運転手の生活者像を深堀りし、彼らから本当に愛される「BOSS」が誕生。そして今、進化の中にも変化が…。 ヒント25 へ。

さらに「コンシューマ・インサイト」で、新しい「発見と創造」

最近、消費者の行動や心理を個々人の内面まで深く入り込んで探り、製品開発やマーケティングに活かしていこう、という考え方が拡がっています。「コンシューマ・インサイト」です。その言葉どおり消費者に対する洞察のことです。多様化する消費に対する人々の価値観を、どうしたら的確につかんでいけるか。従来のマーケティング（定量）でマスをとらえると、どうしても平均値が1人歩きします。これでは個々の変化の芽をつみます。それは創造性をつんでしまうことにもなります。消費者に対する新しい洞察により、コミュニケーションの精度を高める挑戦が始まったばかりです。

ヒント25

サントリー「BOSS」のマーケティング
人は、モノを消費する前に、1人の生活者なのだ。

「CRAFT BOSS」

場所や時間にとらわれずに働く新世代に向けて「缶コーヒーじゃないBOSS」が生まれる。

そこには徹底した生活者の深堀りを。とくにIT企業などで働く若者を調査してコンセプトを固める。

インタビューを通して人のぬくもりを求める声。オフィスがデジタル化する中で、逆にアナログなものが魅力的に映るという。そこに人の手の暖かみを感じるモノ選びが…。

しかも、働き方に合わせ、通勤途中、オフィスの中、仕事中と持ち運びが好まれる。

そこで若者が求める手作り感を伝える「クラフト ボス」となる。イメージは生活者の感性にマッチし飲まれ続ける。

6 「点」でなく、「面」で考える戦略発想.

　予想を上回るスピードで、社会全体が変わり、生活の仕方が変わっています。その上、さまざまな要素が、複雑にからみ合い、部分部分の発想では解決できません。マーケティング戦略が企業のあらゆる活動にとり入れられるのも、こうした市場の事情からと言えましょう。点の解決でなく面の解決に、統合化されたマーケティングの戦略が不可欠なのです。

　戦略〈STRATEGY〉はもともと戦争用語。戦いに勝つための方法を考えることです。勝つためにどうするのか。そのために、どこから、何をすべきか。統合されたシステムで作戦を進めないかぎり、戦いに勝てません。その場その場の対応ではリスクが多すぎるのです。まさに、さまざまな要素を組み立て、全体を動かしていく戦略思考が、いまのビジネス社会にぴったりと言えましょう。(ヒント26)はサントリーのマーケティング戦略の10の基本要素。モノを売るために知恵を絞って組み立てる総合戦略です。

社内の課題解決も戦略発想。

　例えば、人材育成。サントリーでは人材マーケティングという戦略で経営の一環としてすすめられています。人材採用、人材育成という「点」で考えるのではなく、その先の企業ブランドという「面」の視点で考えていくのです。「これから会社はどうなりたいのか。何を目指すのか。何が競争力か。どうイメージするのか」。このような全体像が見えて初めて人材像が描かれ、人材マーケティングが展開されていきます。(採用、開発、育成、そして体質化、風土づくり)。人材育成も企業全体の視点で「考え、創り、動かす」戦略発想が不可欠です。このように、すべての企業テーマが、こうしたトータルパワーを発揮することを求められているのです。

ヒント26

10の基本要素に基づく『総合戦略』
サントリー

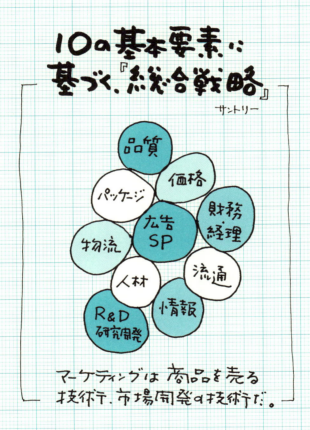

- 品質
- 価格
- パッケージ
- 財務・経理
- 広告SP
- 物流
- 流通
- 人材
- 情報
- R&D 研究開発

マーケティングは商品を売る技術、市場開発の技術だ。

7 広告会社が求めている創造性

　広告会社にはメーカーと違って売る商品がありません。「情報」をカタチにすることで初めて商品が生まれてきます。表現であったり、イベントであったり、企画であったり、「知恵」を商品化することで成り立つ業態なのです。では、いま広告会社がどのような創造性を求めているのか、私が在籍していた博報堂を例にお話ししてみます。

　私のボスであった当時の東海林社長がよく言っていたことが基本です。「時代が変わるのに、入れものが同じということはない。時代に合った入れものを考えるのが創造性だ。時代時代で社会は大きくうねっているのだから」と。もう少し言葉を足すと、ヒント27のような広告戦略から情報戦略へ、全体が動いていました。広告会社の仕事は、時代の変化に合わせ、新しい情報価値を創造し、生活者と企業に喜んでもらうことです。そして、世の中に伝えるコミュニケーション手段として、さまざまなメディアがあるのです。

いい素材から、おいしい料理へ。楽しい料理へ

　モノからソフト化へ。高品質から高付加価値へ。どれだけニーズを先読みできるか。そして、どれだけ大きな感動を手わたせるか。情報価値を発見し、創造できるかどうかが広告会社の商品力の見せどころです。ようするに「いい素材」を「おいしい料理」や「楽しい料理」に変えていける創造力が問われているのです。単なる表現やイベントやSP（セールスプロモーション）の創造だけではありません。商品開発から一貫したマーケティング活動、顧客本位の企業価値（ブランド）づくりなど、生活者と企業の双方の満足につながる「知恵」を生み出すことなのです。広告会社の創造性はますます広範囲になってきました。

ヒント27

広告戦略から情報戦略へ

モノより先に動く
情報先行型の市場
↓

生活者をより豊かにし
企業により利益をもたらす
情報とは、何か。
・
その情報をいかに
価値あるものに高めるか。

それが
創造性

↓
それには1人1人
「強い意志」「鋭い感性」「高い技術力」
を求められる

↓
創造性重視の粒ちがい集団

8 新しい「発見と創造」を生む仕事のやり方

　いま、アメリカの広告会社で主流になりつつあるワークスタイルに、「アカウントプランニング」というシステムがあります。それは、企業と生活者の間に立つ広告会社のみが競争力を持つ、と言われている中で、特にその進化した形として評価されています。ヒント28 を参考に、
　① イギリスから上陸し、アメリカで拡大している手法で
　② アカウントプランナー（AP）という統合する戦略家のリーダーが
　③ インサイト（洞察）というプランニングコンセプトを確立。
　④ このインサイトを核にクリエイティブブリーフを開発し
　⑤ チーム（AP、制作、営業が基本）へブリーフィングし、共有化。
　⑥ このブリーフをもとにチーム一丸となって新しい広告づくりを展開。

この「アカウントプランニング」がなぜ新しいのか

①インサイト（洞察）という新しいコンセプトワークは、従来の数量マーケティング（定量）に対して定性マーケティングが中心となり（STEPⅠ-17）、個人の気持ちの深堀りから生まれる。
②AP（アカウントプランナー）という新しい職種は、コンシューマの心理を理解し、大胆な仮説が発見できる心理学者であり、人類学者であり、戦略家。
③クリエイティブブリーフ（指令書）この1枚の戦略書がすべての約束となり、統合化されたクリエイティブが展開される。得意先との確認書にもなる。

　広告会社の大きさの問題でなく、小さなワークチームが生活者の気持ちを読み、戦略を組み立て成果を上げていくのですから、ビジネスの真理をついたスタイルと言えます。

ヒント 28

アカウントプランニング

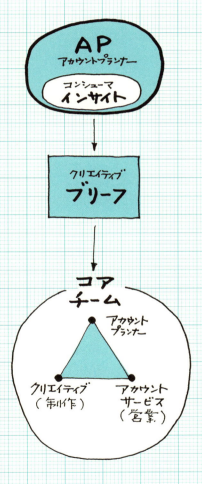

- **AP**
  ① コンシューマ（消費者）インサイトの発見。戦略的解決策の出発点となる
  ② クリエイティブブリーフの開発。インサイトを核に、戦略を組み立てブリーフを作成。オリエンをし、共有化する
  ③ チームワークのサポート。チームを鼓舞し、グループのダイナミズムを生み出し続ける

- **コンシューマ・インサイト**
  消費者が何を考え、何に反応し、何に動かされるのかを徹底的に調べ、インサイト（洞察）を立てる。戦略立案のキーとなる

- **クリエイティブ ブリーフ**
  インサイトを核に、クリエイティブが目指す方向が書かれた指示書（ヒント11）参照。

- **コアチーム**
  3者が一体となって得意先のための総合的なプランニングを立案する。JOBごとに「ウォールーム」という戦略室、壁に情報を貼りチームで共有化

9 戦略のない「表現」はありません

　広告会社の原動力はクリエイティブです。広告会社のビジネスのすべては、クリエイティブをはずして考えられません。「知恵の生産会社」なのですから。その中でも制作者は、「知恵をカタチ」にするだけに厳しく創造性を求められています。

　昔は表現派とか戦略派とか言われ、特に「表現すること」に重きがおかれていました。現在は「社会との関わりをはずして考えられない」「生活者を中心におかないといけない」「得意先とのパートナー化がすすむ」などなど、『広告ビジネスをする』意識が非常に高くなっています。

　いまや戦略のない表現はありません。マーケティングだ、戦略だ、コミュニケーションだ、マネジメントだと言葉がとび交う中で、最終のアウトプットまですすめていきます。ヒント29 は、私が若手制作者の研修で語った一部です。こういう姿勢がルーティンワークに浸み込んできています。

さらに進化を求めるソフト化集団

　高度な得意先のソリューションサービスを提供するために、博報堂のソフト部門（マーケティング、制作、SP、PR）は進化しています。専門家でなく、総合力で実践できる課題解決のプロへ。MD(market design) という発想のもと、1人1人が得意先を、「最高の手法でマーケットに定着させよう」という考え方です。創造性を拠りどころとしながら、得意先の情報戦略を組み立てることを1人1人が目標にしています。全員がクリエイティブディレクターであり、マーケットデザイナーであり、プロデューサーです。企業をいかに演出していくか、その創造性はますます高度なものを要求されています。

ヒント29

> 広告に関わる私たちは、
> 「知恵の生産者」

1. 人間は、考えることが出発点。
   （「考えて、なんぼ」の世界にいる）

2. アイディアエコノミーになる。
   （自分の知恵を、どう高く売れるか。売れる工夫があるのか）

3. 捨てて、壊して、新しいものづくり。
   （既成の習慣や価値を捨てないと、何も新しくならない）

4. 情報は、アイディアを生む原動力。
   （アイディアは情報の組み合わせ。新しい関係さがしだ）

5. 自分のオリジナリティで、高い商品力を創る。
   （人と違うことを考え、創る。人と違うことで成り立つ仕事だ）

6. 得意先でなく、世の中に合わせる。
   （人が動くのは、ロジックでなくエモーション。人が最先端にいる）

7. 「何が問題か」「道がどこにあるのか」発見する力を。
   （洞察、観察、予見、五感をフル回転させよう）

8. うかつに創るな。間に合わせで創るな。
   （好き嫌いで、もっともらしく創られたら
   金を出すクライアントは、たまったもんじゃない）

PART II — STEP2「クリエーションの磨き方」

10 問題を解決するデザインパワー

　企業が抱える課題に向き合い、それを「デザインの力」で解決しよう、という流れが強まっています。その1人が佐藤可士和氏。NHK番組「プロフェッショナル」（2006年2月）で彼の考えが語られ、ビジネスを変えていくその成果が次々に示されました。また同年1月の日経新聞「人間発見」に登場した中西元男氏。企業の理念のデザイン化に取り組んで40年の生き方や実績が語られていました。彼らにかぎらず、目を見開くと、デザインがビジネスや経営に関わるケースがなんと多いことか。ヒント30

　イギリスのデザイナー、ジョン・バンクス氏は、自分のポリシーとして「クライアントが抱えている問題点を、デザインの力でいかに解決するか、でアプローチすることだ」と語っています。伸び悩んでいるブランドや元気のない企業の活性化を、街の再生を…と、コミュニケーションを核に展開しています。

攻撃的に企業価値を高める「デザインの力」

　これは単に問題解決のためのデザインにとどまりません。ソニーも、資生堂も、アップルも無印良品も、いまやデザインマネジメントの導入は経営戦略上欠くことができなくなりました。IBMはビジネスの基本にデザインをおいています。「いいデザインは、いいビジネスだ」をバックボーンとしているのです。CIもプロダクトもパッケージもショップも社員も、デザインに関わらないものはありません。デザインを付加価値と考えず、すべてのリレーションシップ（関係づくり）の要であり、すべてのコミュニケーションを基盤とするソフトパワーが「デザインの力」だ、と考えているからでしょう。こういう視点で、発想で、企業の「デザイン」を考えてみませんか。

ヒント30

佐藤可士和さん
（「サムライ」主宰）

モノを売ること、動かすことを真剣に考えてきた。その経験から、マーケティング戦略やブランド戦略、そうしたビジネスの視点にデザインを位置づける。またデザインは思想、企業の思想を視覚言語化することだ、と。企業の主治医のようなものを自らにイメージ。

- ツタヤのストアーアイデンティティ
- SMAPのキャンペーン
- 「極生」「生黒」のブランドづくり
- 「体質水」のブランドづくり
- 明治学院大のブランディング
- 幼稚園のトータルブランディング 他

中西元男さん
（「PAOS」代表）

企業・事業理念（CI＝コーポレート・アイデンティティ）のデザイン化に、40年以上取り組んできた。手がけた企業は100社あまり。デザインで経営戦略を表現し、独自のスタイルを。経営戦略デザイナー。

- 「早稲田大学の大変革事業」
  理念の記号化、視覚化を
  学内・外に分け分かりやすく表現
- 駅ショッピングセンター「ルミネ」プロジェクト進行中
  （32の課題と454工期）
  を洗い出し
  ↓↓
  未来への予感や想像力を
  満たす場づくりのプロジェクト

11 課題を魅力に変える「創造力」の面白さ

どんなに素晴らしい夢を見ても(仮説を立てても)、現実のルールや約束事、慣習でどんどんスケールを小さくしていってしまうことがあります。ようするに当たり前の答えになってしまう、つまらなくしてしまうのです。創造力とは「知恵」。知恵で、課題や悩みをクリアーし、自分のオリジナルなカタチに変えていくことです。その現実を超えることに、創造する快感があり、面白さがあり、楽しみがあります。

枠組みをクリアーするところに、「面白さ」を

広告会社と得意先(依頼主)との仕事のスタートに、指示書のような「オリエンテーションシート」があります。各社独自のものを持ち、その精度もまちまちです。これが創造性をスタートさせるのですが、これも1つの枠組みであり制約です。これをどうクリアーし、得意先の期待を超えるか…難しさでもあり、楽しみでもあります。

ヒント3 は、大手食品メーカーのオリエンテーションの項目を並べてみたもの。実際は得意先から書き込まれたシートが手わたされます。各項目に、考え方、目標、イメージ、各情報を書き込むのですから、得意先自体も相当力を持っています(中には口頭で、また丸投げのところもあります)。問題意識を持ち、何を期待し、ゴールイメージをどこにおくのかを、オリエンで語れるのですから。

さあ、ここからです。オリエンテーションをクリアーし、その上で期待を超えたアウトプットを提案できるかどうかが創造力です。右ページの種々の条件を理解し、咀嚼し、その上でイメージを描き、発想をすすめていきます。創造力って、相当、チカラのいることだ、ということも分かってください。

ヒント31

オリエンテーションシート

商品名「　　　」

市場背景	
消費動向	
製品戦略	
戦略課題	
競合動向	
マーケティング目標	
広告目標	
ターゲット	
ポジショニング	
商品コンセプト	
イメージ	
トーン&マナー	
表現上の留意点	
広告時期	
制作物	
スケジュール	
総予算	

12 初めに全体像が描けるか

「プランニング」とは？　私は次のように考えています。

> プランニングとは、「情報」を集め、「問題」を探り出し、「仮説」を立て、「発酵」させ、それを「カタチ」に定着していく一連の流れを言う。そして、世の中が動き、ざわめき、ムーブメントが起こる。これを『成果』と言う。

　広告会社は、得意先の、生活者の「もっと良くなる方法は何か」をプランニングする会社です。それを最も望んでいるカタチに加工し、料理し、楽しさを伴わせて提供しています。当然、行動のないプランニングはありません。戦略のない表現がないのと同じように。「考えて、創って、動かして」、ゴールを目指す、これがプランニング。ヒント32は、プランニングの基本的なフローです。

「着眼大局・着手小局」という精神で。

　碁のことわざにある、まず「全体の大局を知ることから始まる」が、プランニングの精神です。予想を上回る勢いで、社会が、市場が変化しています。価値観も大きく変わっています。ここで、まず引いてみる。俯瞰してみる。全体が見えないと正しい判断ができにくいからです。

　次に、全体像を描く、何が問題か。本質は何か。悩みの根っこはどこか。順位はどうつける。問題の重さがしだいに見えてきます。着眼大局の視点です。その上で、着手小局。部分を、個々のテーマを、順位にしたがって解決していきます。

ヒント32

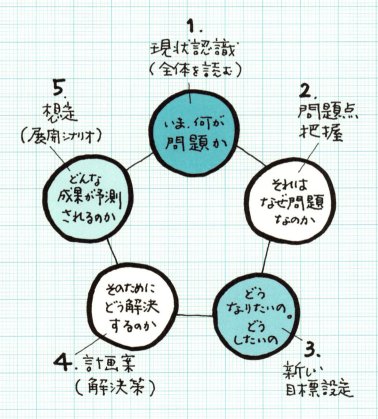

13 「違いを創る」— それは価値観を変えること

「違いを創る」とは、発想を変えることです。時代に合った、生活者が求めている価値観に変えていくことです。時代の、世の中の、生活者の欲求に合わなくて価値があるわけがありません。

「違いを創る」には❶まず、動いていること・変化を知ること❷求めているウォンツを見つけ出すこと❸独自のカタチを創ること。STEP 1「イマジネーションの磨き方」でそれぞれ語ってきたことと同じです。ここでは価値観を変えるとは何か、を中心に示します。

情報や知識は、「違いを創る」素材。

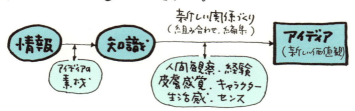

アイディアの素材を加工したり、編集し直したり、新しい関係を創ることで、新しい価値を生み出します。そのためには世の中をどう切りとるか、新しい情報価値をどう発見するかの作業が必要です。

・例えば、ライオンの「植物物語」

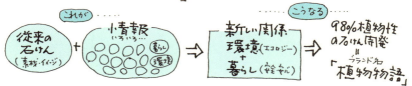

「植物性」という新しい関係を見つけ、カタチにもっていくには相当チカラが必要です。価値づくりのコツをヒント33から感じとってください。

ヒント33

『新しい価値づくり』

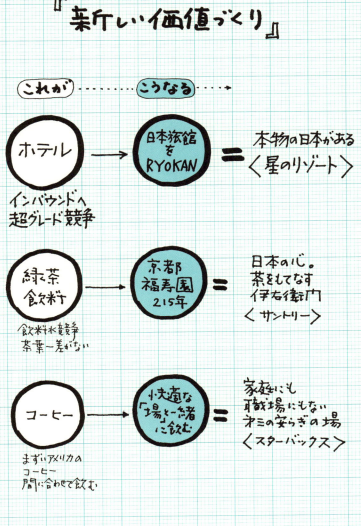

14 「違いを創る」— 時代を読む・動きを読む

　価値観を変えるには、まず時代が動いていることを読みとること。これが前提です。動いているのに入れものが同じということはありません。いまの時代に合った、一番いいものを考えるのが創造性です。世の中いろいろ動いていますが、生活者を中心に考えた「動き」の一端を、以下にご紹介しましょう。ヒント34と合わせて時代の空気を感じとってください。

・高品質の上に、感動

　高度なデジタル化で工業製品としてのモノの差は少なくなり、デジタル化できないアナログ的なものに価値が生まれています（多摩大・中谷学長）。あとは高品質の上に、どんな付加価値をつけるかの競争です。高い技術力、商品力の上に、新しい喜びや楽しみを創り出していくことが求められているのです。

・みんなサービスプロバイダー（提供者）になる

　商品も技術もシステムも成熟すると、あとはサービスの質の差です。サービス業だけでなく、あらゆる業種が良質なサービスを提供する集団に変わってきています。自治体だって病院だって学校だって、顧客に対してどんなサービスが可能かの競争へ突入しています。宅配業など、まるでわがまま対応業のようなものに変わってきていると思いませんか。

・「人をもてなす」エンタテーメント社会へ

　人の気持ちを心地良くさせる・人をもてなす素晴らしい体験を提供するのがテーマとなっています。

・「人を幸せにする」が企業のテーマに

　便利さに変わり、「生きがい・らしさ・安全安心・コミュニケーション」という心や文化が、社会全体のテーマとなってきています。

ヒント34

「不」はいや、「快」が欲しい
● マーケットインの発想

不安・不便・不快・不信
不愉快・不潔・不自由
　　　　　　　　etc

「不」の解消
「快」の追求

楽しさ・喜び・ゆとり
安らぎ・ヘルシー・誇り
美しさ・おいしさ・元気
快適・快感・感動
　　　　　　etc

15 違いを創る—「人間」に最大のヒント

　人間が時代を変えています。変化は人間が創っています。技術やモノでなく「人間」です。求められていない「もの」や「技術」は存在しないか、消えています。「違いを創る」には、ますます人間中心に見ていく必要があります。

一番重要な情報は人間が運んでくる。

　<u>人間は生きている。変化している。先取りしている。すべての仕事は人間につき当たります。</u>そのためにも、モノゴトや人間を観察し、人間通になることです。思いやりや優しさを体質として持った企業が、やはり尊敬されているのも、人間を「個人」としてとらえて対応しているからでしょう。

例えば、
- 「リッツ・カールトン・ホテル」…顧客の予想をどう裏切るか。ここにテーマをおき、「場」を創るのではなく感動を創る会社へブランド化しています。
- 「ホンダ」…お客さまと喜びを分かち合う共創を理念に「買って喜び、売って喜び、造って喜び」、スモール・イズ・スマートと、大きくなることより喜び合えることをコンセプトにしています。
- 「ノードストローム（百貨店）」…絶対ノーと言わず、返品も自由の徹底した顧客主義。利益はお客さまに喜んでいただいたごほうびという姿勢をつらぬいています。

最先端をいく「人間」という視点。

　どこまで深堀りできるか、それが「違いを創る」決め手です。独自のアプローチもオリジナルを生むのも、徹底した人間フォーカスです。(ヒント35) ディズニーの考え方と企業づくりのストーリーは、すべてに参考になります。

(ヒント35)

「ディズニーランド」は、360度愛されるようにできている。

●

経営マジック：『夢と魔法の王国』
理念：「夢の国でゲスト(客)に感動を与えること」
約束(ブランドビジョン)：「気持ちよくなる魔法をかける」
経営戦略：「あらゆることがDLを愛するようにできている」
↓
「発想、ビジョン、商品、コミュニケーション、施設、もてなし、サービス、生活提案、イベント、夢、ロマン、冒険、異次元の世界、装置…など、点描画のように無数の点(ドット)の集合体となっている。」

16 「違いを創る」— アイディアを手に入れるには

「違いを創る」ためには、時代を読み、人間を深堀りし、新しい価値づくりをすることにあります。それがSTEP 2の13、14、15です。

しかし、そこでは、何に着目したらいいのか、何が本物か、何が新しいのかをとらえるテイスト（審美眼）が問われます。こればかりは1人1人が持っている才能としての創造力を磨き続けるしかありません。ニュートンは、引力の発見について、どうして発見できたのかの質問に、「つねにそれを考えることによってです」と。ようは、考えて考えて、考え続けることです。

ここであらためて、どこから、どう磨くのか。アイディアのつくり方の再確認をしてみると、下記の原理原則につきます。

STEP1-10「アイディアのつくり方」

アイディアは「情報の組み合わせ以外の何ものでもない。それは新しい関係を見つけ出す才能による」と、原理をつかみとることの重要性と方法。

STEP1-11「未来のプランニングスタイル」

①情報が創造の原動力であること②事実と事実の間に新しい関連性を探ることが核で、そこにはインプットなしにアウトプットは生まれない。

原理と方法は見えてきたが、ここから開発にあたっては、その人の①意欲②努力③資質④謙虚な姿勢があって初めて、上記のようなシステムが可能になると思われます。どこまで熱くなれるかです。

ヒント36は表現アイディアのチェックポイントです。生まれたアイディアなり企画が、違いを創っているかどうかの判断基準です。また、逆にこのチェック項目を元にして、考えるヒントにしてみるのも効果的です。

ヒント36

表現アイディアのチェック
※アイディア発想のヒントに！

① ホカと違うか
② 目立つか
③ 新しいか
④ 話題性があるか
⑤ 提案性があるか
⑥ 共感を得られるか
⑦ 分かりやすいか
⑧ 具体的か
⑨ 信頼感があるか
⑩ 人やモノが動きそうか

17 企画書は、付加価値の高い商品です

「考え・創り・行動する」、これをまとめ総合戦略化するのが企画書です。自分のイメージで描いたものを、相手にとって価値あるものに編集し直し、その上で、独創性を発揮させます。

ただ相手に合わせただけでは「感動」しません。「感動」は相手の予期せぬことを生み出すことにあるのですから。それには読み手を徹底して探るか、自分の強い想いに引きずり込むか。企画書を書くということは、そんな仮想の戦いをしている気分です。

いい企画書とは、自分ながらワクワクするもの。「この発想を、この発見を、相手はどう反応するだろうか」。提出前のそんなキャッチボールを楽しみましょう。私が企画書を書くときの構成は ヒント37 ですが、その基本姿勢は次の2点です。

① 読み手の立場に立っていること
② 予想を超える裏切りがあること

予想を裏切ることの、快感

私にとって、相手の予想を裏切り「えッ！ こんなこと考えられるの」と嬉しそうに驚いてもらうのが、とても快感です。相手が考えるゴールを予想し、それをどう裏切ってやるか、と。まるでゲーム感覚で、「読み」の競争をするように。そのために情報収集にエネルギーをかけます。他領域、未知の世界、異質な情報と「現実」で、どう新しい関係をつくるか……。ここのコンセプトワークが企画書の「核」であり、いい企画書とは、この「へそ」があるかどうかです。価値観を変える1本のコンセプトがあれば、「アッ！ 動きそう」。相手をゾクゾク、ワクワクさせる、これがいい企画書です。

ヒント37

企画書の構成

1. **現状分析** — いま、世の中は… — 経済、社会動向、市場背景、業界動向、商品動向、トレンド、生活者ニーズ

2. **課題設定** — 何が悩み？ どうして欲しいの？ — 現状分析から、何が問題で、その問題は、どんな影響を与えているか。その重要度は

3. **目的の明確化** — 何を、どこから、どうするの？ — 課題の中から順位づけし、何から対応するのか。先を考えると、何が大事か。テーマ明確化

4. **対象の設定** — 誰に？ どうしてあげる？ — 誰がターゲットか、どんな生活習慣を持った人か、どうしてあげたら喜ぶのか。コンセプトを

5. **テーマ＆名称設定** — 何をやりたいのか。ゲームの旗印に！ — 企画全体のタイトルを。企画内容が分かりやすく、何から意もがはっきりする

6. **解決策（アイディア）** — こんな切り口があったのか — テーマに対する答。解決する方法に新しい視点とアイディアが求められる。それを戦術へ

7. **実行計画** — 全体の動きが見える — いつ、どこで、どんな手法で、どんなスケジュールで、いくらかかって…… 動かすための設計図

8. **効果予測** — こんなNEWが、手にできる — その成果を読み、イメージする。それによってターゲットの反応は？ 目的にうまくマッチするのか

18 「考えて、創って、動く」ベストパートナーへ

　先ほど企画書を書く（創る）姿勢を2つあげました。①相手の立場に立っているか②相手の期待を超えているか、です。最近、この2つの持つ意味がとても重くなってきています。相手は、いいアイディア、いい戦略にとどまらず「ベストパートナー」を求めているのです。パートナーとは、共創の関係。オーダーに合わせるのではなく、一緒に、これからの時代にどうのせるか、流れをどうつくり変えるのかを、「考え・創り・実践する人」です。

ヒント38

　ある大手食品メーカーの宣伝部長は『ウチのことを本気で考えているのは誰か。それを見つけるためにプレゼンさせるのだ』と言いました。

　『プランニングだけなら紙でいい。企画書をとおして、その人の背景、情熱、考え方、姿勢、奥深さを知りたいのだ』と。

　個性、付加価値を求められ、変化スピードの早いビジネス社会で、自分と違う価値を持った人を見つけることが、企業の大きなテーマとなってきています。それが「ベストパートナー」という言葉で言われています。企画書を書く、または企画書でプレゼンテーションをするということは、この「パートナー」を目指して動いているかどうか。オーダーに合わせることでなく、私ならこの「課題」をとおして企業をどう変えていくか、どう発展につなげていくか。そんな1つ上の姿勢が必要になってきたと考えてください。

　個人として社会に存在感ある人に、企業として企業市民として持続的に成長し続ける会社に、が究極の目標です。「ベストパートナー」になるとは、結果、両方の目標を手にすることに近づくことなのです。

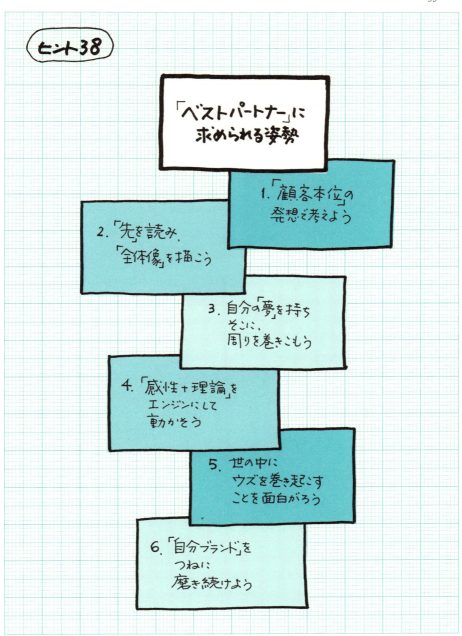

19 「見立てのいいドクター」こそパートナー

　キヤノンの御手洗会長が「変身力」が企業の最大のテーマと言うだけに、「変化にどう対応できる力をつけるか」は多くの企業の悩みの種です。そのためにも共創関係のパートナーが強く求められています。いま、アメリカで以下のような新しい考え方が拡がっています。

1人1人のための「テーラーメイド・メディスン」

　1人1人の微妙な体型に合わせて作る注文服のように、1人のための医療を。人はそれぞれ違うのだから、それぞれに診療も薬も教育も予防も健康法も個人に合わせていくべきだ、という医療です。非効率に見えるが、結局、早くて、効果的でお得になると評判。技術や情報の進歩の結果、より創造性のある「あなたのために」という発想が高まってきているのです。

企業も「テーラーメイドマネジメント」へ

　アメリカでは素早く、こうした概念を経営にとり入れています。考え方、価値観、行動パターン、モノの見方、イメージ力、情報処理などなど、同じ人はいません。「1対1が基本のマネジメント」を考えようとしているのです。効率よく、投網でバサーッと大量に人々を引き寄せることのできない時代の新しい発想です。ワンツーワンマーケティング、さらにすすんでエモーショナル・ブランディングは、こうした「個」を尊重する流れの1つでもあります。

私も、「見立てのいいドクター」を目指して

　仕事の機能や範囲が広がり、広告会社って医者に一番近いのでは、と考えヒント39のようなフローで仕事をやってきました。どこまでテーラーメイドになったか分かりませんが、目指すのは「ベストパートナー」。現場の課題解決から目標創造へ。こうした発想はビジネスにとても効果的です。

ヒント39

『いいドクターになろう』
対症療法ではなく
企業の本質から変えていこう

1. 問診 — ヒアリング・取材（現状把握）

2. 診察 — 課題発見・確認、仮説の構築

3. 検査 — 各種ヒアリング（深堀り）、分析
　　　　　調査実施

4. 診断 — プライオリティ（順位づけ）テーマ設定
　　　　　解決策（コンセプト）手法発見（アイディア）

5. 治療 — 戦略組み立て、企画書（実行計画）

20 複合型仕事人「プロデューサー」

　各業界の中で、プロデューサーという職種（職名）が増えてきているようですが、それぞれ解釈があり、あらたまった定義はないと思います。

　私がイメージしているのは、ヒント40に書いた、元電通の藤岡和賀夫さんの語るプロデューサー論がベースです。「自分が創ろうとする夢についての全体像があり、それがマーケットでヒットする、あるいはマーケットを創る力を持ち、その上でイメージを明確に語り、メンバーの力を1つの方向に向かわせる、そんな総合力のある人」と言っています。

　そのベースは想像力と創造力。夢とディティールをイメージし、チーム全員を引っぱっていく複合型の仕事人です。専門領域の中からとび出し、よりダイナミックな面白さ、楽しさを求めるクリエイティブなビジネスマンです。

　それには全体を描けること、コアとなる専門性が揺るぎないこと、求心力のある人間性などなどが問われています。博報堂も特化した専門性を核にしながら、1人1人がプロデューサーを志向しました。1人1人の動機づけに「3000人プロデューサー論」（全社員）が語られたものです。複雑で多様化する中で、足元だけ見てプロになるのではなく、全体を見ながら「課題解決できる個」の集団化を目指したのです。職種（営業とか制作とか）は手段で、目的は企業と生活者をむすんで「もっともいい方法は何か」を提案することにあるのですから。キヤノン販売でも「社員はみなプロデューサーになれ」と言っています。誰が、どこから考えてもいいし、旗振って先頭を走ってもいい。このプロデューサー的発想は、仕事をとても魅力的に変えてくれました。組織は変わっていくのです。

ヒント40

プロデューサー

自分が創ろうとする夢についての全体像があり、そのイメージを明解に語り、チーム全員の力を１つの方向に引っぱっていける、総合力のある人。

いろいろなプロデューサーが生まれています。
これは職種でなく能力。
ビジネスマンも身につけたい能力です。

ex. 都市計画のプロデューサー、万国博のプロデューサー
以下、オリンピック、テーマパーク、ファッションイベント、Jリーグ、音楽ホール、スポーツイベント、国際美術行展、街づくり、映画、演劇祭、ショッピングモール、ビジネスショー etc

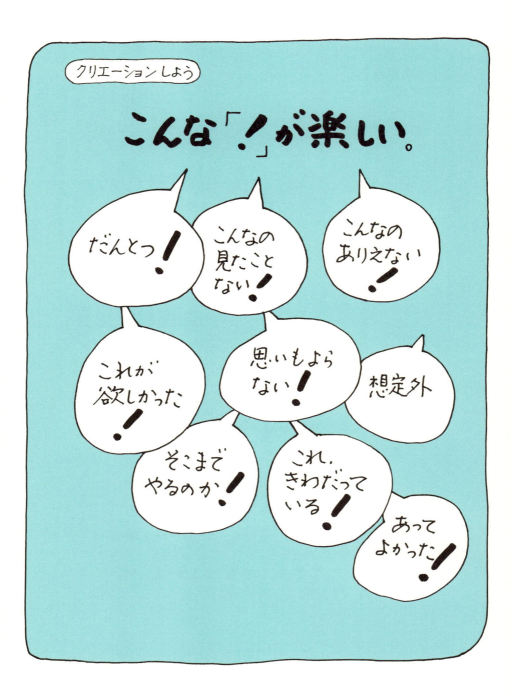

PART Ⅲ
アート化を刺激するキーワード
「イマジネーション＆クリエーションα磨き方」から

「正しいけど、面白くない」 ……P4
「いいけど、好きじゃない」

人を引きつける引力ー「アートする発想」 ……P4

人の気持を考えない、感性に触れない ……P4
ビジネスは、後に追いやられていく

独創的思考〈オリジナルシンキング〉こそ基礎能力 ……P6

HOW TO THINK（考える姿勢を身につける） ……P6

感性の差が、競争力 ……P12

人間が最先端の「モノ余り社会」 ……P14

本質をつかむのは、コンピュータでなく人間の直観 ……P14

アートは高度な戦略です ……P15

「知る」「想う」「創る」「動く」（インサイドワーク4ステップ）……P16

言葉（ロジック）の前にイメージ。ビジネスは、 ……P16
頭の中に絵を描いてスタートする

アナログ的なしのい価値ー感動させるビジネスへ ……P18

IT化社会は人間の創造性を刺激する ……P19

リスクのないアイディアは、クリエイティブと言わない ……P22

「どう言うか」の前に、「何を言うか」	……P24
空中に絵の描ける「アートがわかった人」が欲しい	……P26
初めに、仮説ありき	……P28
ビジョンの不明確な企業は、一体感もなく顧客の心をつかめません	……P30
ブランド企業には、生きることの意味を与えるビジョンがある	……P32
目標のある幸せ、目標のない不幸せ	……P32
新しい「差別化の素」＝コンセプト	……P34
観察し、洞察し、「明日の芽」を見つける『読む力』	……P36
イメージを拡げる原動力は、情報にある	……P38
アイディアは、「情報の組み合わせ」	……P40
何が世の中にメッセージできる「価値」か	……P47
情報とは、五感で読みとれるもの、感じとれるものすべてだ	……P48
アイディアは、自分の持っている情報にしばられる	……P48
生活者の欲求に合わなくて、価値があると言えない	……P50

ディティールに執着してこそ、心を打つ発想が生まれる	……P50
「分かった」ということと「好き」とは違います。 分かっても「嫌い」と言われたら終わりです	……P52
2割の「合理性」と8割の「非合理性」で生きるのが人間	……P54
意識下に、もっと大切な「本質」がひそんでいる	……P54
人間観察の深さが、ビジネスの根っこ	……P56
一番重要な情報は、人間が運んでくる	……P56
知識も、現場におきかえないとリアリティがない	……P56
「夢」があるかぎり、多少のリスクは乗り越えられる	……P58
職業人の前に、「社会人」	……P60
商品の先に人がいて、技術の先に人がいて、 ビジネスの先に人がいて、すべての先に生活を背負った人がいる	……P60
オリジナルな「夢」があるから、オリジナルな「カタチ」になる	……P64
生きようと思ったら、変わらなければいけない	……P66
企業の最大の競争力は「差異化」	……P66
人と違うことを考えよう。 人と違うものを創ろう。	……P66

課題は1つとして同じものはない。だからマニュアルはない	……P68
「発想」はつねに双方向	……P69
平均値は、個々の変化の「芽」をつみます	……P72
「点」の解決でなく、「面」の解決を	……P74
いい素材(情報)から、おいしい料理(新しい価値)へ	……P76
捨てて、壊して、新しいものづくり。これがオリジナル	……P81
得意先に合わせるのでなく、世の中に合わせる	……P81
いいデザインは、いいビジネスだ	……P82
デザインは、リレーションシップ(関係づくり)の要	……P82
課題をクリアーすることに、創造する快感がある	……P84
「考えて・創って・動かして」これがプランニング	……P86
「着眼大局・着手小局」(まず全体を知ること)	……P86
「違いを創る」とは、価値観を変えること	……P88
時代に合った「一番いい方法」を考えるのが、創造性	……P90
「高品質の上に、感動」を	……P90

「不」はいや。「快」が欲しい　　　　　　　　　　・・・・P91

人間は生きている。変化している。先取りしている。　・・・・P92
すべての仕事は人間につき当たる

何が本物か。何が新しいか。テイスト（審美眼）が問われる　・・・・P94

相手の予想（期待）を裏切る。これが快感　　　　・・・・P96

ウチのことを本気で考えているのは、誰か　　　　・・・・P98

自分と違う価値を持った人が欲しい　　　　　　　・・・・P98

チームを引っぱる複合型の仕事人　　　　　　　　・・・・P102

「課題解決できる個」の「集団化」。　　　　　　・・・・P102
誰が、どこからでも、考えて、旗振って
先頭を走ってもいい集団が理想

あとがき

　私たちの生活は、毎日が問題解決です。「考える」ことが仕事の大半です。
　しかし、「考える」と言われても、どこから、どう始め、どういうプロセスで考えたらいいのでしょうか。意外にも、「考える方法」は教わっていません。
　誰もがそれぞれのスタイルで考えてはいます。けれども、ビジネス社会で、「考える」とは「人と違うことを考える」ことです。ようするにつねにオリジナルを求められているのです。「戦略性」を問われているのです。単に答えを出すことでも、思いつきを語ることでもありません。

　『オリジナルシンキング』──独創的な思考の原理・原則はないのか。
　これをテーマに、40数年の広告会社の経験から、考える方法論を引っぱり出してみました。専門書や研究書にある「創造とは」でなく、現場から引き出したリアリティのある発想法です。
　そうかといって、ハウツーのようにカタチやパターンを伝えるのではなく、「How To THINK」、「考える姿勢」や「考える本質」を手わたししていきます。
　新しい視点でオリジナルを生み出す『独創的思考』。
　作家井上ひさしさんが言う「難しいことはやさしく、やさしいことは深く」を心してまとめてみました。毎日の生活の中で、「人と違うことを考えるためのヒント、気づきの本」として、そばに置いていただければ幸いです。

高橋宣行

参考文献

『心に届く話し方』 川崎 洋　ちくま文庫
『ドラッカー』 ジャック・ビーティ　ダイヤモンド社
『スターバックス成功物語』 ハワード・シュルツ、ドリー・ジョーンズ・ヤング　日経BP社
『ディズニーリゾートの経営学』 粟田房穂　東洋経済新報社
『ディズニー7つの法則』 トム・コネラン　日経BP社
『ブランド』 石井淳蔵　岩波新書
『アイデアのつくり方』 ジェームス・W・ヤング　CCCメディアハウス
『超優良企業「さだお商事」』 東海林さだお　東洋経済新報社
『ある広告人の告白［新版］』 デイヴィット・オグルヴィー　海と月社
『広告表現の科学』 八巻俊雄、天津日呂美　日経広告研究所
『広告頭脳』 服部 清　河出書房新社
『広告大入門』 広告批評編　マドラ出版

オリジナルシンキング［増補改訂版］

発行日　2018年9月30日　第1刷

Author	高橋宣行
Book Designer	三木俊一（文京図案室）
Publication	株式会社ディスカヴァー・トゥエンティワン 〒102-0093　東京都千代田区平河町2-16-1 平河町森タワー11F TEL03-3237-8321（代表）　FAX03-3237-8323　http://www.d21.co.jp
Publisher	干場弓子
Editor	藤田浩芳
Marketing Group Staff	小田孝文　井筒浩　千葉潤子　飯田智樹　佐藤昌幸　谷口奈緒美　古矢薫　蛯原昇 安永智洋　鍋田匠伴　榊原僚　佐竹祐哉　廣内悠理　梅本翔太　田中姫菜　橋本莉奈 川島理　庄司知世　谷中卓　小木曽礼丈　越野志絵良　佐々木玲奈　高橋雛乃
Productive Group Staff	千葉正幸　原典宏　林秀樹　三谷祐一　大山聡子　大竹朝子　堀部直人　林拓馬 塔下太朗　松石悠　木下智尋　渡辺基志
Digital Group Staff	清水達也　松原史与志　中澤泰宏　西川なつか　伊東佑真　牧野類　倉田華 伊藤光太郎　高良彰子　佐藤淳基
Global & Public Relations Group Staff	郭迪　田中亜紀　杉田彰子　奥田千晶　李瑋玲　連苑如
Operations & Accounting Group Staff	山中麻吏　小関勝則　小田木もも　池田望　福永友紀
Assistant Staff	俵敬子　町田加奈子　丸山香織　井澤徳子　藤井多穂子　藤井かおり　葛目美枝子　伊藤香 鈴木洋子　石橋佐知子　伊藤由美　畑野衣見　井上竜之介　斎藤悠人　平井聡一郎　宮崎陽子
Printing	日経印刷株式会社

・定価はカバーに表示してあります。本書の無断転載・複写は、著作権法上での例外を除き禁じられています。インターネット、モバイル等の電子メディアにおける無断転載ならびに第三者によるスキャンやデジタル化もこれに準じます。
・乱丁・落丁本はお取り替えいたしますので、小社「不良品交換係」まで着払いにてお送りください。
・本書へのご意見ご感想は下記からご送信いただけます。
　http://www.d21.co.jp/contact/personal
ISBN978-4-7993-2367-0　©Nobuyuki Takahashi, 2018, Printed in Japan.